粉飾発見に役立つ
やさしい決算書の読み方
―会計知識のない人の入門書―

公認会計士　井端 和男

税務経理協会

はしがき

　平成20年1月に出版しました「最近の粉飾」は，読者のご愛顧をいただいたお陰で改訂を重ね，昨年8月には第7版を上梓させていただきました。

　「最近の粉飾」では，主として最近の主な粉飾の紹介と財務分析による粉飾発見法を取り扱い，さらに，ケーススタディにより粉飾発見法の適用例を示していますが，内容がやや専門的であり，初心者の方から，会計学などの知識のない人でも利用できる粉飾発見法の解説を望む声が寄せられています。

　与信管理などにおいては，取引の最前線にいる営業マンの判断が極めて大切です。決算書などの計数の分析だけで取引先を評価するのでは不十分であり，取引先と直接接触している営業マンの生の情報や感触などが適切な評価に不可欠なのです。

　ただ，営業マンは，会計情報などにアレルギーを持っていて，素人には読めないものと最初から決めてかかっている人が多いし，取引先の公正な評価よりも，取引の都合を優先させる傾向があって客観的な評価ができないために，せっかくの生の情報を有効に活用できないことになりがちです。

　会計の知識などなくても，経済情勢や取引での常識などから立派に決算書を読むことができます。粉飾の発見も可能です。粉飾発見の極意は，異常なあるいは不自然な財務の動きを決算書から探知することです。取引の実態と決算書などの数値との食い違いも粉飾発見の糸口になり，これらは取引先と直接接触する営業マンに与えられる貴重な情報です。業界での噂などにも重要な情報を含んでいることが多いのです。このよう

な立場にある営業マンが正しく決算書を読むことができれば鬼に金棒ですし，自然と取引先を客観的に見るようにもなります。

　折から，税務経理協会の峯村英治シニアエディターから「最近の粉飾」の初心者向け版を出さないかとのお誘いがあり，急きょ本書の出版にとりかかった次第です。

　本書では，第一編において，主に営業マンの常識で読み解くことができる事項を，「法則」や「チェックリスト」にして，ポイントごとに検討する方法を採用しています。どうしても会計の知識や財務分析の経験・スキルが必要な事項は専門家に任せればよいのです。さらに，東芝など最近の実例のケーススタディにより単に決算書を読むだけでなく，粉飾発見につなげる読み方を紹介しています。

　第二編では，第一編と同じ「法則」や「チェックリスト」を利用して，主にケーススタディにより，基本的な会計知識を加えてやや深読みする手法を紹介します。分析範囲も連結決算書やキャッシュ・フロー計算書にまで広げています。

　本書は，会計の知識のない営業マンを念頭に書いたものですが，管理部門のスタッフや新入社員の皆様にもお役に立つと考えております。広くご愛顧いただければ幸せです。

平成29年2月吉日

井 端 和 男

目　　次

　　　　ⅳ）チェックリスト調査の総括 …………………………………… 124
　　　　ⅴ）損益計算書詳細調査 …………………………………………… 127
　　　　ⅵ）貸借対照表詳細調査 …………………………………………… 129
　　（3）連結決算書の調査 ………………………………………………… 130
　　　　ⅰ）概観テスト ……………………………………………………… 130
　　　　ⅱ）チェックリストによる調査 …………………………………… 135
　　　　ⅲ）損益計算書詳細調査 …………………………………………… 139
　　　　ⅳ）貸借対照表詳細調査 …………………………………………… 140
　　（4）個別決算書対連結決算書 ………………………………………… 140
　　　　ⅰ）連単倍率について ……………………………………………… 140
　　　　ⅱ）損益計算書項目の連単倍率 …………………………………… 141
　　　　ⅲ）貸借対照表項目の連単倍率 …………………………………… 142
　　　　ⅳ）連結子会社への投融資の扱いについて ……………………… 142
　　　　ⅴ）純資産の連単倍率について …………………………………… 144
　　　　ⅵ）財務比率による分析 …………………………………………… 144
　　　　ⅶ）総　括 …………………………………………………………… 145
　　（5）破　局 ……………………………………………………………… 145
　4　キャッシュ・フロー計算書の見方 …………………………………… 147
　　（1）キャッシュ・フロー計算書の構造 ……………………………… 147
　　（2）営業ＣＦ区分について …………………………………………… 150
　　　　ⅰ）要約ＣＦ計算書 ………………………………………………… 150
　　　　ⅱ）営業ＣＦ区分の２分割について ……………………………… 152
　　　　ⅲ）営業ＣＦ区分の分析 …………………………………………… 154
　　　　ⅳ）利益要素の見方 ………………………………………………… 156
　　（3）投資ＣＦ …………………………………………………………… 157
　　（4）まとめ ……………………………………………………………… 159

目　　次

はしがき

第一編　会計知識のない人の決算書の見方 …………………… 3

1　決算書の見方 ……………………………………………… 3

(1)　プロローグ ……………………………………………… 3
(2)　決算書概観による企業評価 …………………………… 9
　　ⅰ）概観テストその1（安全性のチェック）……………… 9
　　ⅱ）概観テストその2（成長性のチェック）……………… 20
　　ⅲ）概観テストその3（収益性のチェック）……………… 24
　　ⅳ）概観テストその4（効率性のチェック）……………… 26
(3)　チェックリストによる調査（パート1）………………… 34
　　ⅰ）チェックリスト・パート1の紹介 …………………… 34
　　ⅱ）損益計算書チェックポイント ………………………… 36
　　ⅲ）貸借対照表チェックポイント（資産の部）…………… 40
　　ⅳ）総　括 …………………………………………………… 50
(4)　チェックリストによる調査（パート2）………………… 53
　　ⅰ）チェックリスト・パート2の紹介 …………………… 53
　　ⅱ）負債項目のチェックポイント ………………………… 54
　　ⅲ）総　括 …………………………………………………… 61

2　ケーススタディ（東芝のケース）……………………… 64

(1)　東芝の粉飾について …………………………………… 64
(2)　概観テスト ……………………………………………… 68
　　ⅰ）安全性のチェック ……………………………………… 68
　　ⅱ）成長性のチェック ……………………………………… 70

ⅲ）収益性のチェック ……………………………………… 70
　　　ⅳ）効率性のチェック ……………………………………… 71
　　　ⅴ）総　括 …………………………………………………… 72
　（3）チェックリストによる調査（パート１） ………………… 74
　　　ⅰ）損益計算書チェックポイント ………………………… 74
　　　ⅱ）貸借対照表チェックポイント（資産の部） ………… 77
　（4）チェックリストによる調査（パート２） ………………… 86
　　　ⅰ）負債項目のチェックポイント ………………………… 86
　　　ⅱ）総　括 …………………………………………………… 88
　　追加情報 …………………………………………………… 90

第二編　経理の基礎知識がある人の決算書の読み方 …… 93

1　はじめに ……………………………………………………… 93
2　決算書の基本構造 …………………………………………… 94
　（1）損益計算書について ………………………………………… 94
　　　ⅰ）損益計算書の基本構造 ………………………………… 94
　　　ⅱ）損益計算書の分析ツール ……………………………… 97
　（2）貸借対照表について ………………………………………… 99
　　　ⅰ）貸借対照表の基本構造 ………………………………… 99
　　　ⅱ）貸借対照表の分析ツール ……………………………… 105
3　江守グループホールディングスのケーススタディ ……… 111
　（1）江守について ………………………………………………… 111
　（2）個別決算書の調査 …………………………………………… 112
　　　ⅰ）調査要領 ………………………………………………… 112
　　　ⅱ）概観テスト ……………………………………………… 115
　　　ⅲ）チェックリストによる調査 …………………………… 118

粉飾発見に役立つ
やさしい決算書の読み方
－会計知識のない人の入門書－

第一編

会計知識のない人の決算書の見方

1　決算書の見方

(1)　プロローグ

登場人物

吉田哲也さん（40歳），営業第1課長
　入社以来工場で製造に取り組んできましたが，今年4月に本社に転勤してきました。会社の幹部の評価が高く，社長はもっと早く本社に呼び寄せるつもりでしたが，数少ない大学出の技術屋さんですので，工場長が手放したがらなかったのです。後継者が育ってきたことから，工場長もようやく納得して，本社転勤が決まったわけです。
　社長は秘書室長にすることを望んだのですが，一度は営業を経験しておく必要があると考えて，営業部に配属することに決めました。

渡辺隼翔君（25歳），入社3年，独身，営業第1課最年少の張り切りボーイです。

大塚清さん（41歳），経理課長

入社以来経理一筋で頑張ってきました。勉強熱心で，入社後も夜間の大学院に通い，会計学の修士号を取得した努力家です。吉田課長とは同期のよしみで入社以来親交があります。

笹井みどりさん（25＋アルファ歳），経理課審査担当
　大学で会計を専攻しただけあって，経理には詳しい。大塚課長の指導もあって，決算書を読みこなす力がめきめき上達し，今では審査業務を一人で引き受けています。

渡辺隼翔　　吉田哲也　　笹井みどり　　大塚清

第一編　会計知識のない人の決算書の見方

場　面1

　営業部の事務室で

渡辺君　「課長，第一商事に売り込みに行く件，結論を出していただけましたか」

吉田課長　「申しわけない。まだ，決めかねているんだ。審査の笹井さんは財務内容がイマイチだって言ってたそうなんで，気になっているんだ。俺は決算書に弱いんでよくわからないから，経理の大塚課長の意見を聞きたいと思っているんだが，今，経理は決算の真っ最中だから，時間をとってもらえないんだ。決算も今週で終わるから来週早々には時間をとってもらえることになっている。
　審査係の笹井さんとは，その後，突っ込んだ話をしたの？」

渡辺君　「ハイ，笹井さんは，会社の成長に財務内容が追い付いていないのが心配だと言ってるのです。笹井さんも上司の大塚課長に相談したいんだけど，課長の時間が取れないって言ってるんです」

吉田課長　「それじゃ，来週まで待つしかないね」

場　面2

　管理部経理課の応接セットに，営業の吉田課長，渡辺君と，経理課の大塚課長，笹井さんが話し合っている。

大塚課長　「笹井さんの話を聞いたが，財務内容がそれほどでもないのに，急成長しているので，資金繰りが心配だとのことだね」

渡辺君　「わが社の売上を増やすには，代理店を増やして，販売の窓口を広げる必要があるんですが，なかなかよい相手が見つからないんです。代理店になってもらう先には販売力がなければなりませんが，販売力のある商社はどこもよそのメーカーのひも付きになっていて，格好のところがみつからないんです。第一商事は積極的な営業姿勢で売上げを伸ばしていますので，わが社としてはとても魅力的なんです」

大塚課長　「得意先はわが社の将来をきめる大事な相手だから，慎重に決める必要がある。得意先が伸びるとわが社の販売も自動的に伸びる。特に，代理店の場合はそうだ。
　　吉田君，君は第一商事をどう思う？」

吉田課長　「渡辺君の話では，先方も大変積極的で，ぜひわが社の製品を扱わせてほしいって言ってるんだ。販売力があって，これからも成長が期待できる先なので，わが社としてはぜひつかまえておく販売網にしたいと考えている」

笹井さん　「渡辺さんから3期分の決算書をもらったんですが，毎年15％程度も売上げが伸びているのですが，もともと自己資本が少ないのに，資産が大きく膨らんだので，ますます，自己資本比率が低下しているんです」

吉田課長　「俺は自己資本とか，資産とかに弱いので，反論ができないんだけど，成長会社はどこでもそうじゃないの。成長会社を狙うとなると多少のリスクは覚悟しなければならんと考えてる」

大塚課長　「それじゃだめだよ。君も営業課長になったからには，決算書に弱いなんてこと言ってられないよ。これからの営業の幹部は計数にも強くなきゃいけない。そもそも君は理工科出身で数字に強いんだろう」

吉田課長　「それはそうだけど，今まで工場勤務で，原価計算には慣れてるが，貸借対照表なんか見たことがなかった。営業部に来てみると，朝から晩まで得意先回りや接待，それに作戦会議など会議会議で，経理の勉強などしている時間がない」

大塚課長　「それはわかっているよ。でも，それでは通用しない。取引を最終的に決めるのは君たち営業部なんだろう。僕たち管理部はお手伝いするだけだ。もし事故があったら責任を問われるのは君たちではないか，第一，僕らは決算書が読めるといったって，決算書でわかることって限られてる。取引先のことは日ごろ取引で相手と接触している営業部でないとわからないことが多い」

渡辺君　「でも，私たちがせっかく取引先を探してきても，大抵は財務内容が悪いって，審査ではねられるんです」

大塚課長　「僕たち管理部は，主に計数面から取引先を評価して判断する。それを跳ね返すのは君たち営業部の仕事じゃないのかな。その

ためには決算書がわからないなんて言ってられない。相手の実態を知るには決算書が欠かせない。しかし，決算書だけではわからない会社の実力というものがある。それらを総合して判断するしかないのだが，情報をつかんで，正しく評価できるのは君たちしかいないんだよ」

笹井さん 「営業部が自信をもって取引先の弁護をすると，私たちだって納得することになりますよ。渡辺君なんて，決算書での弱点を突っつくと，すぐにしょんぼりして引っ込んでしまう」

大塚課長 「そうだ。営業部の諸君は決算書アレルギーというか，決算書コンプレックスに侵されていて，こちらが強く反対すると，それに反論ができない。
　営業部には，決算書が読めなくても，相手の生の情報をつかむチャンスがある。生の情報を逃さずに適格につかんで，正しい解釈をすると，決算書だけからでは得られない貴重な判断材料になる。コンプレックスにさいなまれるだけではなく，営業部の武器をフルに活用して我々を説得することが必要じゃないのかな。
　もっとも，あまり強引に営業の理論で押し通すと，会社として判断を誤って大きな事故につながる。要は，営業部と管理部が知識とノウハウを出し合って，お互いに納得のできる結論にもっていくことが大事なんだ」

吉田課長 「それはよくわかる。問題は第一商事のことだけど。会社としてスタッフがそろっていて営業力がある。社長は進取の気概にあふれていて，これからの成長株に思える」

大塚課長　「笹井さんの話では，資金繰りで相当無理をしているようだ。急成長に財務がついて行っていない。私は危ない会社の典型と見ている。とにかく，もう一度渡辺君と笹井さんでよく話し合ってみたらどうかね」

渡辺君　「わかりました」

大塚課長　「そうだ，とりあえずの秘策として，決算書の理屈がわからなくても，ある程度は決算書を読める方法を教えようか」

吉田課長・渡辺君　「それはありがたい。是非お願いします」

大塚課長　「今日明日は予定が入っていて時間が取れないが，水曜日あたりアフターファイブに研修会を開くことにするか。笹井さん，水曜日は残業できる？」

笹井さん　「ハイ，大丈夫です」

(2) 決算書概観による企業評価

ⅰ）概観テストその１（安全性のチェック）

　５月○日水曜日午後６時，管理部会議室に吉田課長，渡辺君と，大塚課長と笹井さんの４人が座っている。

吉田課長　「今日は大塚課長には大変お忙しいところ，このような研修会の場を作ってくださったことを感謝します。笹井さんは大事なデートの約束をキャンセルしてくれたんじゃないの」

笹井さん　「そんなことありません」

大塚課長　「早速本題に入るよ。まず，私の決算書の見方を紹介しよう。私は，初めての会社の決算書を見るとき，まず全体を大雑把に眺めて，会社の概要をつかむ。問題点などを直感的に理解するように努める。

第一編　会計知識のない人の決算書の見方

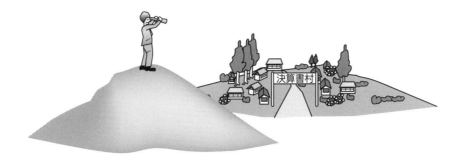

会社の概要をつかむには，4つのポイントに注意する。

① 倒産の危険性が高くないか（安全性）
② 会社が成長過程にあるか，衰退過程にあるか（成長性）
③ 儲かっているか（収益性）
④ 資金を効率的に運用しているか（効率性）の4つだ。

　会社の経営はこの4本の柱により支えられている。これを図示すると次のようになるのかな」

図表1　企業経営を支える4本の柱

① 安全性のチェック

大塚課長　「取引先の与信管理が目的の場合などでは，まず見なければならない最初のポイントは，相手がすぐには経営破たんして倒産とか支払い不能になることがないか，だ。
　すぐには，といったが，少なくとも1年半程度は安泰でなければならない。いったん取引可能との判断をしても，相手の財務内容は時々刻々に変化しているので，常に見直しをする必要がある。ただ，決算書は1年に一回しか作られないので，そのあいだに不穏な噂が流れるとか，相手の行動から異常な変化が読みとれるような場合を除いて，本格的な見直しは決算期に合わせて1年に一回実施するのが一般的と思われる。見直しの結果，財務内容が悪化していて撤退を決めたとしても，直ちに撤退することなどできない。契約残を履行して代金の回収を終えるのにさらに半年程度はかかる。それで，1年半程度は安泰でなければならないとしているわけだ」

30/10の法則

大塚課長　「僕が日頃唱えている**30/10の法則**を紹介しよう。
　会社は事業のために資金を調達する。一部は株主からの資本金などの純資産と，借入金などの負債で調達する。買掛金などの仕入債務や経費の未払金なども負債であり，資金調達源になっている。会社が事業に投下している資金（総資本という）のうち何パーセントを純資産で賄ってるかを自己資本比率という。
　計算式で書くと，**自己資本比率＝（純資産÷総資本）×100%**，となる。
　30/10の法則とは，自己資本比率が30%以上なら当面は安全だが，

10％に満たない場合は危険だとするものだ」

―大塚課長はホワイトボードに図表と計算式を描く―

図表2　貸借対照表の構造（純資産の状態により3種類のものがある）

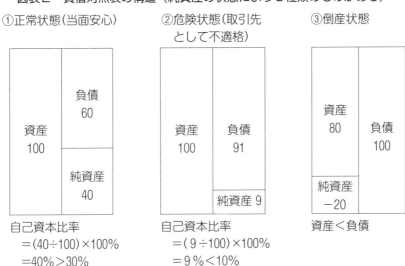

大塚課長　「これからの説明はちょっとむつかしいかもしれないのだが，取りあえずは，自己資本比率が30％以上ならOK，10％を下回っていたら危険とだけ覚えておいてそのまま理屈抜きで使ってもらえばよい。30／10の法則はそのために考案した評価ツールなんだから」

大塚課長 （図表２①を示しながら）「図の右側は資金の調達金額と調達の源泉を示している。図表２①では必要資金100のうち40を純資産で調達し，60を負債で調達しているから，自己資本比率は図の下の計算通り40％になる。30％以上だから当面は安全と判断する。

　調達した資金を会社は資産に投下して運用している。資金の運用状態を示すのが図の左側だ。資産には，まだ運用しないで現金のまま残っているものも含むので，左側の資産と，右側の負債と純資産の合計は同額で，資産＝負債＋純資産になる」

吉田課長　「純資産とか自己資本ってのがよくわからないんだが」

大塚課長　「純資産は株主から調達したお金であり，資本金などのほかに，会社が稼いだ利益のうち配当などで支払った残りの，いわゆる内部留保も含まれる。自己資本は俗称であり，厳密には，純資産と自己資本とは同じではないことがあるが，ここでは同じと考えることにしよう。

　純資産で足りない部分は負債で賄う。負債には，仕入先からの仕

入代金の未払残高である買掛金や，銀行から調達した借入金などがある。

　30/10の法則では，自己資本比率が30％以上なら当面は安全と見るんだ。純資産は，借入金のように返済の必要のないお金なんだが，会社が損失を出せば減っていく。その結果自己資本比率が低下する。取引先で赤字が続いて，自己資本比率が10％程度を下回ったら危険状態になったと見て，取引をやめるなり，取引量を減らすなどの防御策をとるべきだとするものなんだ」

吉田課長　「30％ならよい，10％ならダメとする根拠のようなものがあるの？」

大塚課長　「僕の経験では，会社が1年間に被る損失は投下資金総額の20％程度に収まるのが普通だ。大災害にあったり，大事故を起こしたりした場合には話は別だけどね。だから，ある年度の調査で自己資本比率が30％であれば，次の年度の決算書を入手して見直したときに，最悪の事態でも10％程度の自己資本は残っているので，すぐには破綻することにはならないだろう，というのが30％以上なら安全とする根拠だ。

　会社が儲かっている時には，資金繰りなども順調に行っていると一応は考えてよいのだが，損失が発生したときが問題なんだ。損失が続くと，資金も出ていくので資金不足にもなる。損失が続いても，純資産が多いと資金繰りにも余裕があるので，しばらくは内部で資金のやりくりを付けて繰り回すことができるし，銀行は融資をしてくれる。だが，損失が長く続いて内部でのやりくりがつかなくなり，回復の可能性に疑問がもたれるようになると銀行は融資を渋るよう

になる。株主も追加の出資をしてくれるとは限らない。

　内部での繰り回しができなくなり，銀行も，株主もお金を出してくれなくなると会社は倒産する。問題は，銀行などがいつ会社を見限って融資や取引を止めるかだ。

　理論的には純資産が残っている間は，銀行は融資を続けてもよい。会社の資産をすべて処分して現金に変えれば，借入金などの負債を返済してもまだ純資産分の現金が残るはずだからだ。

　純資産をすべて損失で食いつぶしてしまって，さらに負債が増えた状態を債務超過という。図表2③は債務超過の状態を示しているのだが，この状態になると負債の方が資産より多いのだから，資産を全部帳簿価格で処分できたとしても，負債を全額は払いきれない。債務超過の会社に融資すると，少なくとも一部は貸し倒れになるのだから，こんな会社には誰も融資をしないし，与信を伴う取引もしない。

　しかも，これは会社の資産がすべて帳簿価額で処分できることを前提にしている。現実には資産を処分するとなると，帳簿価格通りには売れなくて損が出る。債務超過ではなくても，純資産が少ないと負債を全額払うだけのお金ができないことがおこる。

　損失が続いて自己資本比率の低下が続くと，図表2②の状態でも，遠からず債務超過になることが予想される。だから，債務超過になる前に会社の将来に見切りをつけて融資や取引を断るのが安全だということになる。融資や取引を続けるかどうかをきめるボーダーラインが自己資本比率10％程度になるというわけだ。

　このように自己資本比率は会社の信用を示す重要指標になるので，純資産はいわば会社の信用の担保のようなものだな。会社の大黒柱ともいえるね。だから，経営者には自己資本比率を気にする人が多

い。
　ところで君たち，**粉飾の3要素**というのを知ってるかい」

吉田課長，笹井さん，渡辺君　「いいえ，知りません」

大塚課長　「粉飾が相変わらず盛んだけど，だれでも，いつでも粉飾をするってわけじゃない。粉飾をするには動機があるはずだ。また，粉飾に走るかどうかは環境にも左右される。業務の性格上，粉飾などしようと思ってもできない部署もある。管理がルーズな職場では粉飾が行われやすい。動機と環境が整っていても，普通の人は粉飾などには手を出さない。粉飾に走る人は自分に都合のよい口実を見つけて粉飾を正当化したうえで実行する。**動機，環境，自己正当化**を**粉飾の3要素**というんだ。

　自己資本比率は会社の価値を示す大黒柱のようなものだから，経営者は自己資本比率を気にする。それで，粉飾をしてでも比率を引き上げたい気になる。つまり，自己資本比率が低いことの焦りが経営者の粉飾の動機になるんだよ。

　経営者があせって従業員に業績を上げろとあまりにも厳しく号令すると，従業員は粉飾をしてでも業績を上げろという意味に曲解して粉飾に走る。経営者はそんなつもりがなくても実質的には粉飾を命令したのと同じ結果になる」

笹井さん　「30/10の法則では，自己資本比率が30％に満たなくても，10％以上あれば危険とは見ないのですが，30％に満たないと，経営者の粉飾に対する誘因が強いので，粉飾に注意しなければならないということなんですね」

大塚課長　「10％程度以下はダメとするのには，粉飾に対する警戒もある。債務超過に陥っても，粉飾でまだ純資産が残っているように見せかける会社が多い。どうせ粉飾をするなら，思い切って自己資本比率が30％程度になるような水増しをすればよいのだが，粉飾額が増えるほど，いろんな矛盾が出てきたり，勘定間のバランスが崩れたりするので，債務超過でなければよいとして，自己資本比率を一けた台にとどめる。10％未満の会社には，粉飾で，債務超過を隠している会社が多いというわけだ」

笹井さん　「銀行はどうなんですか。銀行では，自己資本比率が４％とか８％以上なら良いとされていますよね」

大塚課長　「銀行は別だよ。商社なども例外扱いする必要があるだろうね。営業の皆さんには，とりあえずの便法として，理屈は抜きにして30／10の法則などとして，概観の手法だけを覚えてもらうだけで，大いに役立つと思う」

吉田課長　「自己資本比率に，30／10の法則か。しっかりと覚えておくよ」

笹井さん　（第一商事の３期分の決算書を一表にまとめた総括表を提示して）「第一商事では，自己資本比率は2014年３月期の24.47％から年々低下して16年３月期には16.48％になっています」

吉田課長　「今はまだ危険状態ではないが，このままいけば2017年３月期には10％を下回る恐れもあるってことか」

第一編　会計知識のない人の決算書の見方

図表３　株式会社第一商事要約決算書推移表

損 益 計 算 書　　（単位：百万円）

	14/3	15/3	16/3
売上高	6,724	7,715	8,903
売上高伸び率		14.74	15.40
売上総利益	773	771	1,023
売上総利益率	11.5	9.99	11.49
販売管理費	657	739	870
営業利益	116	32	153
営業外収益	24	110	69
受取利息配当金	3	5	7
雑収益	21	105	62
営業外費用	77	93	161
支払利息	57	75	108
雑支出	20	18	53
経常利益	63	49	61
特別利益	5	40	35
特別損失	44	63	80
内固定資産売却損	20	18	21
内減損損失	15	20	40
税引前当期純利益	24	26	16
当期純利益	17	15	10

貸 借 対 照 表

	14/3	15/3	16/3		14/3	15/3	16/3
現金預金	503	588	685	仕入債務	1,486	1,620	2,105
売上債権	2,220	2,411	2,995	短期借入金	2,050	3,270	4,705
商品	1,435	1,535	1,593	その他流動負債	550	482	589
その他棚卸資産	955	1,389	2,185	流動負債計	4,086	5,372	7,399
その他流動資産	204	557	895	長期借入金	1,295	1,550	1,530
貸倒引当金	-30	-33	-30	退職給付引当金	88	100	140
流動資産計	5,287	6,447	8,323	その他固定負債	209	233	380
有形固定資産	1,130	1,200	1,288	固定負債計	1,592	1,883	2,050
無形固定資産	254	305	318	負債合計	5,678	7,255	9,449
投資その他の資産	847	1,158	1,385	（内借入金合計）	3,345	4,820	6,235
固定資産計	2,231	2,663	2,991	純資産合計	1,840	1,855	1,865
資産合計	7,518	9,110	11,314	負債純資産合計	7,518	9,110	11,314

財務比率表

	14/3	15/3	16/3
回転期間			
現金預金	0.90	0.91	0.92
売上債権	3.96	3.75	4.04
棚卸資産	4.27	4.55	5.09
流動資産	9.44	10.03	11.22
固定資産	3.98	4.14	4.03
総資産	13.42	14.17	15.25
仕入債務	2.65	2.52	2.84
自己資本比率	24.47	20.36	16.48
借入金依存度	44.49	52.91	55.11
調達利子率	1.70	1.56	1.73

比率計算法：
　売上高伸び率＝{(当年度売上高－前年度売上高)÷当期売上高}×100%
　売上総利益率＝(売上総利益÷売上高)×100%
　総資産回転期間＝(総資産÷売上高)×12か月
　自己資本比率＝(純資産÷総資産)×100%

ⅱ) 概観テストその2（成長性のチェック）

大塚課長　「次は成長性のチェックだ。安全性のチェックで合格しても，これだけで終わりにするわけにはいかない。得意先はわが社の将来を決める重要な要素の一つなんだ。得意先の売上が伸びて好業績が続くならわが社の売上も増える。得意先の売上が落ちればわが社の売上も落ちる。業績が悪化すれば，取引をやめなければならなくなる。貸し倒れの心配もある。当面安全だというだけで取引を決めるのは安易にすぎる。会社百年の計を考えて，将来にわたって，わが社の将来を託するのに相応しい相手かどうかを見極める必要があるんだ」

第一編　会計知識のない人の決算書の見方

吉田課長　「まったくそのとおりだ。これまでの営業部のやり方を見ていると，当座の売上と利益を確保するのにきゅうきゅうとしていて，将来のことを考えていなかった。私が営業課長になって，先任者から引き継ぎを受けた時の第一印象がこれだ」

大塚課長　「わが社の将来は吉田課長の双肩にかかっている」

吉田課長　「おい，おい，おだてるなよ」

大塚課長　「成長性を測る尺度には色んなものがあるが，普通の会社なら売上高で見るのがよいだろう。笹井さんの作った要約決算書推移表なら一目見るだけで成長しているかどうかがわかるよ」

渡辺君　（要約表を見ながら）「売上高は2015年3月期には14.74％，2016年3月期には15.4％増えていますね」

大塚課長　「成長性について，決算書でわかるのは過去の実績だ。我々が知りたいのは将来のことなんだが，過去の実績から将来の状態を推測できるとは限らない。ここでは深い詮索はせずに，成長しているか，停滞しているか，などについてのこれまでの趨勢を知るだけにしておけばよい。

　　　　　第一商事では3期分の決算書しかないので，2期間の趨勢しかわからないけど，少なくとも5期程度の実績を知りたいものだ」

笹井さん　「課長は，成長率が高すぎるのにも警戒が必要だとおっしゃってますよね」

大塚課長　「そのとおりだ。あまりにも急な成長には注意せねばならない。第一商事では年率14〜15%の成長率だが，それでも，随所に無理が出ている。成長だけで利益が伴わないから，内部留保が進まない。資産だけが増えて，純資産が増えないので自己資本比率は低下する一方だ。このままでは，成長があだになって，危険会社に転落するってわけだ。

　それに，売上高水増しの粉飾も疑われる。私は，年率30%以上の成長率が3年も続いていれば，循環取引などの粉飾を疑うことにしている。これを**30%3年の法則**と呼んでいる。新興の成長会社でも，成長産業にあって時流に乗った企業でも，年率30%の成長率が3年も続く会社はまれで，2年程度で終わるのが普通だ。

30%3年の法則

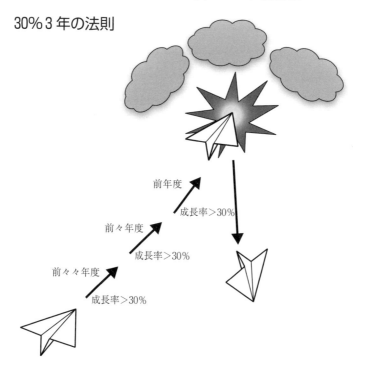

第一編　会計知識のない人の決算書の見方

　図表4の上方の5社は，2016年11月23日付の日本経済新聞「4～9月期決算番付（②）による売上高伸び率の高いトップファイブ会社の最近3期間における売上高を記載した表で，各社の売上高の下側に売上高の前年度比増減率を計算してある。

　ソフトバンクは大型M&Aを繰り返してるので，売上高が大幅に伸びていることが推察される。

図表4　成長会社の最近期の売上高（上段）と対前年度比増減率（下段）

(単位：百万円)

	12/3	13/3	14/3	15/3	16/3	17/3(予想)
小野薬品工業		142,806	143,247	135,775	160,284	259,000
			0.31%	-5.22%	18.05%	61.59%
ヤフー	302,088	342,989	386,284	(，国際会計基準に変更)		
			408,514	428,487	652,327	819,190(半期×2)
		13.54	12.62	4.89	52.24	25.58
シップホールディングス		13,480	14,158	20,216	16,203	18,000
			5.03	42.79	-19.85	11.09
近鉄エクスプレス		247,977	281,505	327,192	420,252	481,000
			13.52	16.23	28.44	14.46
東洋エンジニアリング		228,723	230,124	311,454	299,813	452,000
			0.61	35.34	-3.74	50.76
ソフトバンク			3,202,536	6,666,651	8,504,135	9,153,549	未発表
			108.17	27.56	7.64	

　図表4で見るとおり30％以上の年度が3年以上続いた企業など皆無だ。

　図表5は，2013年10月に倒産したインデックスと，15年4月倒産の江守グループホールディングスの経営破綻前の売上高と売上高の前年度比増減率だ。

図表5　倒産会社の売上高（上段）と対前年度増減率（下段）（単位：10億円）

	02/8	03/8	04/8	05/8	06/8	07/8	08/8	09/8	10/8	11/8	12/8
インデックス	10	21	39	74	112	130	124	74	35	23	18
		111.3	90.7	88.2	51.8	16.2	-4.9	-39.8	-53.3	-34.0	-20.1

	09/3	10/3	11/3	12/3	13/3	14/3	15/3
江守商事	66	66	95	117	145	219	225
		10.1	-0.3	44.6	22.4	24.0	52.0	7.5

　インデックスでは，2003年8月期から06年8月期まで4期間にわたって50％台から2倍以上の売上高の伸び率が続いているし，江守商事でも11年3期から14年3月期までの4期間において，年間にならせば30％以上の伸び率が続いている。これら2社では，粉飾で売上高を無理にかさ上げしているか，粉飾でなくとも，無理に売上高を引き上げている。成長が止まった時にはそのトガが一挙に表面化する」

渡辺君　「第一商事は外観からは成長会社に見えるが，実力が伴っていないから危険度だけが高まっている，ってことですね」

大塚課長　「そのとおりだと思う」

　ⅲ）概観テストその3（収益性のチェック）

大塚課長　「次は収益性のチェックだ。現在，自己資本比率が高くて，安全性が高くても，損失が続けば純資産を食いつぶして自己資本比率が低下するし，さらには債務超過に陥る。本当は，財務安全性よりも収益性を最初に上げるべきなんだが，成長性と同様に，決算書

からでは過去のことしかわからない。過去の実績から将来を推測するしかないのだが，企業内部の人間にも将来の予測が困難なんだが，ましてや，外部の人間には至難の技になる。

　収益性を見るのは損益計算書による。だから，損益計算書についての最低の知識が必要であり，次のことを覚えておいてほしい。

　図表３の第一商事の損益計算書を見てごらん。わが国の規則では損益計算書は４段階に分かれている。

　第１段階は売上総利益だ。売上総利益は粗利益のことで，売上高から売上原価を控除して計算する。

　第２段階は営業利益で，売上総利益から販売費などの諸経費を控除した残りだ。

　第３段階は経常利益であり，営業利益に受取利息や配当金などの営業外収益を加え，支払利息などの営業外費用を差し引いて計算する。

　第４段階は，経常利益に特別利益を加え，特別損失を控除し，さらに法人税などを控除して，最終損益である当期純利益を計算する。

　従来，わが国では経常利益が重視されてきたんだが，利子率が低下して，金利の影響が低下したため，普通の会社では営業利益と経常利益の差が縮まっているし，米国基準や国際基準では経常利益の区分は設けていない。

　本当は，儲かっている，だけでなく，利益率や，利益の源泉にも注意しなければならない。たとえば，古くから持っている不動産を売却した利益で潤っているだけだとか，今は，ドル箱商品のおかげで利益が出ているが，その商品が落ち目になっていて，今後は利益率が落ちるとか，が重要なんだが，そんなこと外部からではわからないことが多い」

渡辺君　「第一商事では，3年間当期純利益が出ていますね」

大塚課長　「利益が出ているとはいっても，水面から僅かに頭を出している程度の少ない利益に過ぎない。利益率の低いことはそれ自体，大きな問題なんだけど，ここでは，利益が出ていること以上には立ち入って詮索しないことにする」

　iv）概観テストその4（効率性のチェック）

大塚課長　「次はいよいよ最後の効率性の問題だ。効率性では，資金を無駄なところに投下していないか。投下した資金が効率的に働いているかを見る。
　　効率性の尺度として売上高が利用されるのが普通だ。売上高と比べて，資産が多いか少ないかで効率性を評価するんだ。普通の企業では，企業に投下している資金の総額（総資本＝総資産）は，年間売上高程度の金額内に収まっている。ただし業種によって差があり，工場設備に巨額の投資が必要な装置産業では1年では収まらず1年

半か，あるいは電力業やガス業や不動産賃貸業者などでは，2年を超えるところもある。

一般的には，製造業者でも1年程度に収まる企業が多いし，特殊な企業を除いて，総資産が売上高の1年半を超えるような企業は少ない。

通常の販売会社や建設会社については，総資産が売上高の14か月程度，製造会社では16か月程度を超える企業を効率性の悪い企業と判定する。

効率性は，粉飾にも関係するので，重要な指標なんだ。安全性，成長性，収益性など，決算書の数値により評価する場合には，決算書に粉飾があれば間違った評価をすることになる。公認会計士など外部の機関による厳格な会計監査を受けることのない，未上場の一般の企業については，決算書は粉飾によってゆがめられていることをまず疑ってみる必要がある。したがって，粉飾の調査が特に重要な意味をもつことになる。

大塚課長　「利益の水増しは，売上高などの収益を増やすか，費用を減らして実行されるので，損益計算書を見ればよいと思うかもしれないが，損益計算書よりも貸借対照表からの方が見つけやすいことが多いんだ」

吉田課長　「それはどうしてなんだい」

大塚課長　「売上が減った年度に，売上を水増ししても，水増しした金額の方が自然に見えて，粉飾など推察するのはむつかしい。費用についても同じだ。それに，損益計算書は，年度が替わると，前年度

の数値をご破算にして，1からスタートすることになるので，前年度の粉飾は消えて，当年度の粉飾しか表示されない。

　これに対して，貸借対照表では，粉飾が毎年度累積されて表示される。たとえば，売上高を水増しして売上債権残高を水増ししたとする。水増しだから売上債権は回収されることはなく，次の年度に繰り越される。次の年度も同じような水増しの粉飾をすると，前年度の水増し額に今年度の水増し高が積み重なって粉飾額が増える。粉飾が最初は目立たなくても，年々，同様の粉飾を続けると，年々膨れ上がるので，そのうちに目立つようになる。

吉田課長　「利益の水増しをすると必ず資産が水増しになるものなの？」

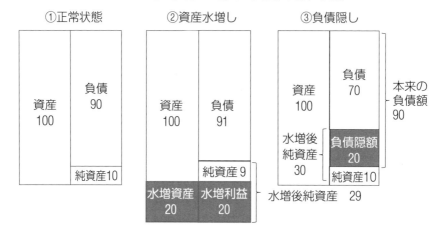

図表6　利益水増しの粉飾と資産，負債の関係

大塚課長　「図表6で示したとおり，資産が膨らむのと，負債が少なくなるのとの2種類がある。

　粉飾により架空資産を計上したり，水増しされている場合も資産

が膨らむ。粉飾による水増しでない場合でも，資産価値が低下して実際価値以上に過大評価になっていることがある。このような資産については，将来，廃棄したり，評価損を出したりしなければならなくなることが多いので，粉飾による水増しと同様に考えてよい場合が多い。

　販売会社や建設業者で14か月，製造業で16か月程度を超える資産を保有している企業は，効率性が低く，粉飾により資産を水増ししているか，それに類似した状態にあるとみなすことにする。

　ただし，多額の不動産を所有する不動産業，設備投資が巨額に上る電力会社や鉄道会社などは別だ。それに，製造業者でもローン会社を自社グループ内に持つところも金融資産がふくらむので，別扱いにする必要がある」

笹井さん　「総資産回転期間が，５か月という風に，著しく短い会社がありますが，短すぎるのは問題がないのですか？資産が少なすぎて，実際に事業活動をやっているのかどうか疑問を感じる会社もありますね」

大塚課長　「実は，最初は短すぎる会社も問題会社にすることを考えていたんだ。短すぎる会社には２種類ある。一つは，何らかの特殊な目的のために存続していて，事業は見せかけの形だけのものである企業だ。このような会社とは，取引の申し込みがあっても，最初から付き合わない方が無難だろう。

　もう一つは商品を右から左に移すだけの取引が中心で，製造設備も店舗や倉庫も必要としない，在庫もほとんど持つ必要のないブローカー業などでは，主な資産は売上債権だけというような企業も

ある。売上高水増しの粉飾を疑って見る必要もある。徹底的な合理化で資産を最低額で押さえていて，業績を上げているのなら，異常とすることはできない。資産が少ないほど効率がよいし，資産の保有や運用に伴うリスクも少ないので，安全性が高いと評価することもできる。問題は，いつまでこのような割の良すぎる商売を続けられるかだ。

　ただ，そのどちらかは外観だけでは区別が困難なので，少なすぎる企業はとりあげないことにしたんだ。

　効率性チェックは，粉飾の調査をも兼ねているから特に重要なので，次に紹介するチェックリストでは主に粉飾発見に効果的なチェックポイントを選んである。

笹井さん　「ところで粉飾には借入金などの負債を隠す粉飾もありますね」

大塚課長　「そこだよ，問題は。でも，負債を隠す粉飾は，分析の専門家でも発見が困難なものなんだ。特に，最近のように，合理化熱が盛んな時代では，資産を減らして身軽にし，借入金などの負債をできるだけ低く押さえる風潮がある。負債は減って当たり前とみられる時代においては，粉飾による負債減と合理化によるものとの区別がつかない。それに，資産の場合は，粉飾されやすい項目として，売上債権とか棚卸資産で最初からある程度めどをつけられるんだが，負債では何が隠されるか見当がつかないことが多い。例えば，多額の損害賠償金の支払義務が生じているのに，未払金を計上していないケースなどでは，損害賠償義務があるということを知っていなければ，未払金が過少になっていることなどに気が付かない。

負債隠しの粉飾には発見がむつかしいケースが多いので，次に紹介する予定のチェックリストは，資産主体のパート１と負債主体のパート２に分けてある」

吉田課長　「そのチェックリストというものを早くみたいね」

大塚課長　「それはこれからのお楽しみとして，今は，効率性チェックの結論を出さないといけない。第一商事の場合はどうかな」

渡辺君　「総資産回転期間が14年３月期は13.42か月で，販売会社としては大塚課長の上限ギリギリいっぱいの数値です。それが，15年３月期には14.17か月で危険ラインを超え，16年３月期はさらに上昇していて，15.25か月になっています」

笹井さん　「その他の棚卸資産が多すぎますね。それに，毎年度大幅に増え続けているのも異常ですね。少なくとも３年間も高水準の状態が続いているということは，販売が困難なものを多く抱えているのかもしれませんね。それに，その他流動資産や，投資その他の資産が増え続けているのもおかしい」

大塚課長　「さすがに鋭いね。この辺が怪しいとみて間違いないようだね。数字をみただけで原因を突き止めるのには年季がいるが，販売会社14か月，メーカー16か月と覚えておいて，機械的に評価するのでもそれなりの効果がある。ただ，あくまでも目安だということを頭に入れておく必要がある」

吉田課長 「第一商事では，4つのポイントのうち，安全性と効率性が要注意ということになるね」

大塚課長 「効率性に疑問があるということは，粉飾の疑いが濃厚で，成長性も収益性についても会社の情報があてにはならないと考えねばならない」

渡辺君 「概観テストにパスしたのは成長率だけですね」

笹井さん 「それもあてにならないわよ。資金繰りのための自転車操業で売上高が増えているってことも考えられるわ」

　　－しばらく沈黙が続く－

吉田課長 「よくわかったよ。渡辺君，第一商事はやめたほうがよさそうだな」

渡辺君 「はい，残念ながらそのようですね」

吉田課長 「それにしても，今日教わったやり方なら，我々にもできそうだ。30/10の法則，30％3年の法則，それに，**販売会社14か月，メーカー16か月**だね」

大塚課長 「最後に概観テストの要点のおさらいをしよう。概観テストでは，とにかく安全性を確かめる。むつかしい理屈を抜きにして，30/10の法則を当てはめるのだ。

次に，粉飾があれば，なにもかもやり直しになるので，粉飾チェックをかねて総資産回転期間を見る。販売会社14か月，メーカー16か月で粉飾の有無の見当をつけるのだが，この基準は，業種や企業ごとに違う点に注意する必要がある。企業ごとの標準的な回転期間（正常回転期間）などを知るのには，取引の仕組みや取引条件などの実態を知りやすい営業の皆さんの方が有利な立場にある。
　　　要は，取引や取引先を常に興味と問題意識をもって観察する姿勢が大切であり，それと日ごろの取引での経験や知識を，いかに取引先の評価に結び付けられるかだ。それには，経験がものをいう。何回も何社もテストを重ねるうちに自然と正常回転期間を見る目が養われ，知識が頭に入るようになる。これが概観テストにおける秘訣だと思う」

渡辺君　「よくわかりました。それではチェックリスト法ってのを教えてください」

大塚課長　「なかなか積極的だな。やる気が出てきたみたいだな。経理のベテランでも，決算書から粉飾を見破るのは至難の技なんだが，この方法でも，取引不適格の会社を見分けるネガティブ・テストなどには効果があると思う。
　　（時計を見て）
　　　もう8時半だ。今夜はもう遅い。明日か明後日，都合がつけば続きの話をしよう」

吉田課長　「ぜひお願いするよ」

(3) チェックリストによる調査（パート１）

ⅰ）チェックリスト・パート１の紹介

場面３

　２日後の金曜日の午後６時半，管理部の会議室に大塚課長，吉田課長，笹井さん，渡辺君が集まった。

吉田課長　「一昨日に続いて，今日はハナキンの貴重な時間を割いて下さったことに感謝します。笹井さん，ブラック企業だなんて言わないでくださいね」

笹井さん　「とんでもありません。私のほうもよい勉強になりますので，喜んで参加させていただきました」

大塚課長　「決算書の概観によって，調査先の会社の大まかな安全性や収益性をつかみ，問題点などのめどを付けたら，今度は，詳細調査に移る。その際には，あらかじめこのようなチェックリストを作っておいて，リストに従い一つずつつぶしていくのがよい。

図表7のチェックリストを全員に配る

図表7　決算書調査チェックリスト
① 売上高・利益などが業界での傾向や景気動向などと違った動きをしていないか
② 長期にわたっていつも僅かな利益しか計上していないのに，赤字にならない
③ 3年以上にわたって前年度比売上高が30％以上も上昇していないか
④ 雑収益，その他の営業外収益が多すぎないか
⑤ 借入金が多いのに現金・預金が多すぎないか
⑥ 売上債権回転期間が高すぎないか，上昇を続けていないか
⑦ 棚卸資産回転期間が高すぎないか，上昇を続けていないか
⑧ 営業支援金，貸付金などが多すぎないか，増え続けていないか
⑨ 前払費用，仮払金などその他の流動資産が多すぎないか，増え続けていないか
⑩ 繰延税金資産が多くないか。将来の利益で消化できる金額か
⑪ 有形固定資産回転期間が高すぎないか，上昇を続けていないか。上昇している場合，上昇が売上増につながっているか
⑫ ソフトウエア，のれんなどが急増していないか，増加が売上増につながっているか
⑬ 投資有価証券，関係会社株式・貸付金などが多すぎないか，増加し続けていないか
⑭ 取引相手先について，取引状況に異常が感じられることがないか
⑮ 同業者などの間に不穏な噂などが広まっていないか

大塚課長　「これが僕の作った15項目のチェックリストだ。これから，一つ一つチェックしていこう。該当するものには×，該当しないものには○，どちらとも言えないものには△を付けることにしよう」

ⅱ) 損益計算書チェックポイント

① 売上高・利益などが業界での傾向や景気変動などと違った動きをしていないか

大塚課長 「このポイントは営業部の諸君の方がよりピンとくるポイントだと思う。営業の仕事というのは景気動向に大きく左右されるのが普通だよね。景気が良い時には，売上が伸びて利益が出る。むしろ売れすぎて製造が間に合わないなんてことも起こる。反対に不景気の時代には，いくら努力をしても売上が落ち込み，利益が上がらない。不景気の時代にはどの会社も利益が上がらずに苦労をしているのに，ある会社だけが売上が増えて，立派な業績を上げ続けているのはおかしい，と考えるべきだ」

渡辺君 「不況時にだって売上を伸ばして，立派な利益を上げている会社もありますよね」

大塚課長 「そんな会社には，他社とは違った特殊な事情がある筈だ。新製品が当たったとか，ニッチ市場で稼いでいるとか。資金繰りが厳しく，財務上ぎりぎりの経営をしている企業が，不況を跳ね返して好業績を上げている場合には，何か裏があると考えるべきだ」

吉田課長 「この期間は，東北大震災復旧の特需があったし，アベノミクスや円安の効果などで，輸出が伸びているので，第一商事の販売も好調だったと思われる。第一商事には順風が吹いた時代なんだが，その割には，売上高はともかくとして，利益が少ないね。でも，一

応は利益を出しているのだから，第一商事のケースでは，一般の景気動向とそれほど大きな食い違いはないようだね。じゃ○印だ」

② 長期にわたっていつも僅かな利益しか計上していないのに，赤字にならない

大塚課長　「このポイントも極めて常識的な考えがベースになっている。会社の業績は景気動向に左右されて，景気の良い時には上向くが，不況になるとダウンする。景気のよいときも僅かばかりの利益しか出せない会社は，不景気になると赤字になるのが普通だ。それが好況時も不況時も同じような僅かばかりの利益を計上し続けているのはおかしいと思うべきだ。

　利益の出る時期に利益を隠しておいて，利益の出ないときに隠した利益を吐き出すのは，高度成長期にはよく見かけた例だが，バブル経済崩壊とともに，事情が一変した。景気低迷期には，好況時の利益をあてにして，将来の利益を先食いすることが平気で行われていた。デフレ経済が定着した現在では，隠した損失を消せるような好況が来ないので，隠した損失を消せないどころかどんどん累積する，なんて企業が多いのではないのかな」

吉田課長　「下請け会社などで，元請け会社や親会社があまり利益を出せないようにコントロールしているケースもあるんじゃないの」

大塚課長　「親会社の管理下にある子会社の中にもそのような会社があるだろうな。企業の信用調査専門の調査会社の調査報告書では，利益の多寡にかかわらず，毎年利益を出し続けていれば，業績に関し

ては満点に近い評点をつけるところがあるが，利益額が常に少ない場合には，粉飾を予想して，厳しい評価をする方が当たっていると思う」

大塚課長　「吉田課長，第一商事についてはどう評価するかね」

吉田課長　「3年間だけじゃはっきりとは言えないが，どうも②のケースに該当するように思える」

大塚課長　「それじゃ，△印だ。渡辺君，次はどうだい」

　③　3年以上にわたって前年度比売上高が30％以上も上昇していないか

渡辺君　「第一商事では3年間の決算書しかありませんが，3年間では年間の伸び率は15％前後ですからこのポイントは○印です」

　④　雑収益，その他の営業外収益が多すぎないか

大塚課長　「これも常識を働かせば，だれでも気が付くポイントだ。公認会計士などの第三者の専門家による監査を受ける義務のない一般の中小企業の会社によくみられるケースで，利益が足りないと損益計算書の営業外収益や特別利益の部に，雑収益とかその他の収益などの名目で，架空利益を計上する。

　　高度成長時代には，不況の時代に備えて隠しておいた含み益を雑収益などの形で吐き出すこともよく行われたのだが，常識的に考え

て今はそんな時代ではない。たまたま救いの神が現れて，棚から利益を落としてくれることもあるかもしれないが，利益の落ち込んだときにはいつも救いの神が現れるなんてことはあり得ない」

吉田課長　「そういえば，第一商事では売上総利益率が低下して売上総利益が少なかった15年3月期に営業外収益と特別利益が膨らんでるね。第一商事の現状から考えて，利益の隠し財源があるとは思えない」

大塚課長　「さすがに数字に強い理工科出身者だ。ちょっと専門的になるが，その他の流動資産がこの期に膨らんでいるのも，営業外収益などを膨らませているのと関係があるようだ。収益を水増ししてもお金が入ってこないから，未収入金などが増える。それが累積されて，翌16年3月期にも膨らんでいる」

笹井さん　「調査会社の調査報告書に，時々，『理由は不明だがその他の営業外収入の計上により経常利益が前年度比○％増の○○円になった』などの記載のあることがありますが，これは調査担当者が粉飾を知らせる信号を送ってくれていると考えることにしています。調査員としては，証拠もないのに粉飾とは言えないので，暗号で利用者にそれとなく知らせている，と」

大塚課長　「そうだね。調査報告書などは裏をも読む必要がある。これも△印だな」

ⅲ）貸借対照表チェックポイント（資産の部）

⑤　借入金が多いのに現金・預金が多すぎないか

大塚課長　「次は，現金・預金の問題だが，現金・預金が多いと資金繰りに有利で安全性が高いとみる人が多いと思う。しかし，現金・預金が多い企業については，負債の方にも目を向ける必要がある。
　借入金を目いっぱい借りていて，その返済や金利負担でアップアップしているのに，現金・預金を必要以上に持っているのはおかしいと考えるべきだ。利益の水増しのため，現金・預金を膨らませている可能性がある」

渡辺君　「現金・預金がどの程度だと異常と判断するんですか」

大塚課長　「現金・預金は売上高の1か月前後の会社が多いし，2〜3か月程度以内で繰り回している企業が大部分だ。4か月を超えると過大と判断すべきだろうなあ。ただ，借入金ゼロの会社はいくら現金・預金を多く手持ちしていても，効率性の問題は別として問題にしなくてもよい。借入金が売上高の4か月を超えるような会社を問題にすべきなんだ」

笹井さん　「年度末に大口の入金があって，現金・預金残高が膨らむってこともありますね」

大塚課長　「だから，ある年度だけ膨らんだというのは問題にしない。毎年度いつも残高が多い場合のみを取り上げるんだ」

笹井さん　「現金・預金には有価証券も含めるべきじゃないんですか」

大塚課長　「そのとおりだ。金持ちの会社が手元にお金を寝かせておくより，株に投資して，少しでも運用益を稼ごうと考えるのは自然だが，事業資金の調達に奔走している会社が，事業に関係のない株の運用で儲けようなんて考えるのがそもそも間違いだ。架空ではない場合でも，大きく値下がりしていて，処分すると損が出る株ばかりと考えるべきだ。損失の続いている会社では，利益が出る株なんてすでに売って利益を出しているからね」

吉田課長　「第一商事では，売上高の１か月前後だから，特に，多すぎるということはないようだね。○印だ」

⑥　売上債権回転期間が高すぎないか，上昇を続けていないか

渡辺君　「第一商事では売上債権回転期間は上昇気味ですね」

大塚課長　「売上債権回転期間の上昇は，粉飾によることが多い。
　一般的にいって，粉飾には常に残高が多くて，変動が激しい項目が選ばれることが多い。多少水増ししても目立たないからね。売掛金や受取手形の売上債権はその典型ともいえる。粉飾チェックには，粉飾に利用されやすい項目には特に入念なチェックが必要なのだが，売上債権がその最たるものだ。
　売上の水増しをしたり，架空売上を計上すると，売上債権の残高が膨らむ。粉飾による膨らみは，回収のあてがないのだから，粉飾を重ねるごとに累積されてどんどん膨らむ。したがって，最初は目

立たなくて見逃していても，そのうちに目立つようになる。ただ，売上高が増えると当然売上債権も増えるのだから，粉飾による水増しか，売上増に伴う自然増かを見分けないといけない。それには回転期間が一番効果的だ。

　回転期間は総資産回転期間で説明したとおり，調査項目を売上高で割って計算する。

売上債権回転期間＝売上債権期末残高÷売上高

だね。この計算式だと，回転期間は年単位のものになる。売上債権は普通の会社では2〜3か月程度なので，月単位や日単位でいわれることが多い。そこで，僕は12か月をかけて，月単位の回転期間を計算することにしている。月単位でも，日単位でもどちらでも構わないが，どちらかに決めておくのが便利だね。売上債権回転期間は，売上代金の回収期間を示すと考えられるので，特に重要なんだ。回転期間が上昇するのは回収期間が長期化したか，回収不能の不良債権が増えたことを示す可能性がある。粉飾による水増しも疑われる」

笹井さん　「経営分析のテキストでは，前年度末と本年度末の残高の平均値を売上高で割る

｛（前年度末売上債権残高＋本年度末売上債権残高）÷2｝
÷売上高

などとなっていますが，当期末残高だけの計算でもいいんですか」

大塚課長　「例えば，売上債権中の何パーセントが本年度中に貸し倒れ

になったかを示す貸倒発生率なんかでは，貸し倒れは年度中の各時期の売上債権残高について貸し倒れが発生しているんだから，期末残高だけを使用するのは適当ではない。期首と期末の平均残高をとるのがより合理的だろう。

　回転期間は違う。回転期間が効果的なのは，売上高と相関関係の強い項目に対してなんだよ。売上債権などは売上高に比例して増減するのが普通だから，残高を売上高で割った回転期間が毎期ほぼ一定の月数になるのが普通だ。売上債権には色んな回収条件の取引先に対するものが混在しているので，期間ごとに変動があるのは当然なんだが，大数の法則で毎期ほぼ一定の変動幅に収まるのが普通なんだ。それが，ある期末に大きく上昇した場合には，回収遅延が起きていたり，粉飾による架空売掛金の計上があったことなどを疑ってみる必要があるんだ。売上債権回転期間が信用できるのは，売上債権残高と売上高との間に強い相関関係があるのが普通だからだ。

　しかし，売上債権残高は一部の長期延払債権などを除いてほとんどは本年度売上高の未回収残高なんだよ。前年度末の売上債権残高は，本年度の売上高とは全く関係のない前年度以前の売上高の未回収残高なんだ。だから，前年度末残高を当年度の回転期間の計算に加えるのはおかしい。それに，粉飾などの調査のためには，最新の情報を利用するべきなんだ。粉飾で膨らまされた当期末残高を，本年度中の粉飾とは関係のない前年度末残高で薄めるのは馬鹿げていると思うんだ」

吉田課長　「売上債権回転期間が重要なことは我々営業マンにもよくわかる。それに俺は工場で材料の仕入れにも関係していたから，相手の立場もよくわかる。仕入先は支払条件に敏感で，支払係のミスで

支払日を間違えると大騒ぎになる。相手からは即刻苦情が入る」

渡辺君　「わが社でも，期日に入金していないと管理部からすぐに連絡が入って催促することを求められます」

笹井さん　「売上債権については回転期間が14年3月期において3.96か月とかなり高めなのに，16年3月期に4.04か月上昇しているのが気になりますね。特に異常とするほどの上昇ではないのですが，次の年度も上昇が続くようなら，異常と判断するべきですね」

大塚課長　「とりあえずは○印だな」

⑦　棚卸資産回転期間が高すぎないか，上昇を続けていないか

大塚課長　「次は棚卸資産回転期間だ。第一商事の棚卸資産回転期間の上昇ぶりは明らかに異常だ。

　棚卸資産回転期間は，売上債権回転期間と同じような性格を持っている。ただ，棚卸資産は，常に売上高と相関関係が高いとは限らない。棚卸資産の保有高は営業方針などによって違ってくる。将来，値上がりすると予想されれば，仕入れを増やして在庫を増やす方針がとられることが多い。輸入品などで，相手国の事情で突然仕入れが困難になる品目については必要以上の在庫を持つことになる。それに，年度末に予想外に売上が伸びて間に合わない場合には棚卸資産残高が減るし，販売が落ち込むと在庫が増えるなど，売上高とは逆比例することもある。ただし，長期的には売上高に比例して増減するのが一般的だ。いつまでたっても回転期間が長期化したままに

なっていたり，期ごとに上昇するのは，滞留在庫が増えていたり，粉飾による水増しなどによることを疑う必要がある」

渡辺君　「棚卸資産と売上高との関係は私たち営業部の人間には理解しやすいですね。取引先の在庫を見て，販売政策を立てることも大切ですからね。A社は在庫が多いから当面は注文が増えないとか，B社は在庫が減っているのに販売が好調だからしっかり売り込みを図るべきだとかをいつも考えています」

吉田課長　「工場でも，原材料や製品の在庫管理が重要だ。多すぎると管理が大変だし，金利や保管料の無駄が出る。陳腐化して廃棄する材料も多くなる。少なすぎると生産に支障が出てこれも大問題になる恐れがある」

大塚課長　「そうだね。それぞれの経験を通して相手を見ることも大切なんだよね。その点，営業の方が我々より取引先を見るのに有利な立場にある。要は問題意識をもって相手を見ることだね。私は，営業マンには与信マインドでもって取引先を見ることを要求している。与信マインドというのは，お客さんは神様だ，とだけ考えるだけではなく，代金をちゃんと払ってくれる財力があるか，誠実さがあるか，の目で相手を見ることだ。取引で相手と接触する際に与信マインドで相手を見ることによって，普通では見逃す情報にも気が付くことがある。営業マンは情報の最前線にいることを自覚することが大切だ。日頃集めた情報を活かして決算書を見ると，我々以上に異変などに気が付く可能性がある」

笹井さん　「第一商事では棚卸資産の回転期間が長すぎて問題ですね。特に，その他棚卸資産が多すぎるし，増え続けていますね。その他の棚卸資産っていったい何なんでしょうか」

大塚課長　「その他の棚卸資産という表示はおかしいね。これだけの金額になるなら，販売用不動産とか原材料や貯蔵品などと表示せねばならない。
　　　　　このポイントは×印だ」

　⑧　営業支援金，貸付金などが多すぎないか，増え続けていないか

大塚課長　「中小企業で，十分な財力がないのに取引先に資金を貸し付けている例をよく見かけるが，相手先が倒産して貸し倒れになることが極めて多い。あるいは，回収不能になった売上債権を貸付金に振り替えて取引を続けている可能性もあり，この場合は損の上塗りになる危険性が極めて高い。
　　　　　貸付相手は，金融機関から資金調達ができないので，仕入先の支援を頼むものが大部分と思われるが，金融機関が相手にしないような会社に，財力も与信管理の能力もない弱小企業が貸付をすること自体が邪道であり，取引に値しない危険会社と見るべきと思う。
　　　　　第一商事ではその他の流動資産が15年，16年3月期と大きく伸びていて，先ほど笹井さんが指摘したように架空の未収入金などが膨らんでいる可能性が高い。投資その他の資産が増え続けているのも貸付金などが増えているからと思われる。
　　　　　これは×印だな」

⑨　前払費用，仮払金などその他の流動資産が多すぎないか，増え続けていないか

大塚課長　「前払費用や仮払金など多額に計上していること自体が異常であり，不良資産が増えているか，利益の水増しに利用しているものと考えるべきだね。毎期増え続けているのはさらに危険であり，厳重な注意が必要だ。

　これらは流動資産といって，1年以内に解消されるものなのだが，2年も3年も同じ残高が続いている場合も異常と見るべきだ。

　金額が小さいが，年々大幅にふえているので，これも×印だ」

⑩　繰延税金資産が多すぎないか。将来の利益で消化できる金額か

大塚課長　「⑩番は多少専門知識がいるのだが，幸いにして，第一商事では繰延税金資産など計上していないので，このポイントは○印だ」

⑪　有形固定資産回転期間が高すぎないか，上昇を続けていないか。上昇している場合，上昇が売上増につながっているか

大塚課長　「有形固定資産回転期間は業種によって違うし，会社ごとにも違いがある。

　製造業でも2〜3か月前後が普通のようだが，4〜5か月という会社も少なくはない。電力会社などを除いて6か月程度を超えれば異常と見るべきだろうな。

卸売業などでは4か月程度を超えれば過剰とすべきと思う。デパートなどは別だ

　有形固定資産には売上高と相関関係など持たないものが多く，回転期間分析にはなじまないものも多いが，回転期間が他の企業より高いのは，効率性に問題があると判断できる。資産を過剰にかかえているか，粉飾により水増しされていることを疑う必要もある。

　設備投資などは，投資直後には売上高が増えずに回転期間が上昇することが多いが，年の経過とともに投資の効果が表れて売上高が増えて回転期間が正常値になるのが普通だ。いつまでたっても，回転期間が上昇したままなら，投資がもともと無駄な投資であったか，予定通りの働きをせず過剰投資になったと判断される場合が多い」

笹井さん　「減価償却費を少なくして利益を増やす粉飾もありますね」

大塚課長　「そうだ。建物や機械設備などは年月の経過や使用に伴って価値が減っていくので，毎年度一定の減価償却費を計上して帳簿価額を減らし，寿命が尽きて廃棄する時などにはスクラップ価格にまで引き下げておく会計処理が必要なんだ。業績の悪いときに減価償却費を計上しなかったり，少なめに計上して利益を増やす粉飾が行われることがある。この場合にも固定資産回転期間が実態以上に高くなる。

　固定資産のなかには売上高との相関関係などほとんどないものもあるが，売上高との関係が薄くても回転期間は体質を見るのに役立つ。資産など会社の規模相応の金額に抑えるべきだ。そのさい，売上高は会社の規模の尺度になるので，規模に対して相応かどうかを見るのに回転期間が役立つ。

それで，第一商事の有形固定資産の評価はどうかな」

笹井さん （回転期間を計算して）「有形固定資産回転期間は2か月台で，販売会社としては少々多すぎると思いますが，問題にするほどじゃないですね。
　　○印ですね」

⑫　ソフトウエア，のれんなどが急増していないか，増加が売上増につながっているか

大塚課長　「これも粉飾に使われることが多い科目だ。架空でない場合でも，もともと，形のないものだから，評価があいまいであり，実体のないものが多い。
　　第一商事ではこの項目は特に多いというほどではない。
　　⑫番は○印だな。
　　次の⑬番はどうかな」

⑬　投資有価証券，関係会社株式・貸付金などが多すぎないか，増加し続けていないか

笹井さん　「14年3月期の1.51か月は多すぎる感じですし，その後増え続けているのも問題ですね。大塚課長が指摘されたように貸付金などが多いとすると，特に問題ですね。それに子会社に関するものだとすると，子会社の経営実態がわからないだけに，このポイントは×印にするべきと思います」

大塚課長 「そうだね。
　　　決算書のテストはここまでだ。負債を除いて，重要なポイントは大体全部網羅していると思うよ。ベテランの分析マンでも，最初に検討するのはこの程度のことが中心になると思う。疑問があると，必要に応じ，さらにポイントを増やす」

⑭　取引相手先について，取引状況に異常が感じられることがないか

⑮　同業者などの間に不穏な噂などが広まっていないか

大塚課長 「この2項目は営業の皆さんにはあえて説明する必要性などないだろう」

渡辺君 「特に悪い噂など聞いていませんので，○印です」

ⅳ）総　　括

大塚課長 「チェックリストのチェックの結果は次のようになった。
①　売上高・利益などが業界での傾向や景気変動などと違った動きをしていないか　　　　　　　　　　　　　　　　○
②　長期にわたっていつも僅かな利益しか計上していないのに，赤字にならない　　　　　　　　　　　　　　　　△
③　3年以上にわたって前年度比売上高が30％以上も上昇していないか　　　　　　　　　　　　　　　　　　　　○
④　雑収益，その他の営業外収益が多すぎないか
　　　　　　　　　　　　　　　　　　　　　　　　△

⑤ 借入金が多いのに現金・預金が多すぎないか
　　　　　　　　　　　　　　　　　　　　　　　　　○
⑥ 売上債権回転期間が高すぎないか，上昇を続けていないか
　　　　　　　　　　　　　　　　　　　　　　　　　○
⑦ 棚卸資産回転期間が高すぎないか，上昇を続けていないか
　　　　　　　　　　　　　　　　　　　　　　　　　×
⑧ 営業支援金，貸付金などが多すぎないか，増え続けていないか
　　　　　　　　　　　　　　　　　　　　　　　　　×
⑨ 前払費用，仮払金などその他の流動資産が多すぎないか，増え続けていないか　　　　　　　　　　　　　　　　　×
⑩ 繰延税金資産が多くないか。将来の利益で消化できる金額か
　　　　　　　　　　　　　　　　　　　　　　　　　○
⑪ 有形固定資産回転期間が高すぎないか，上昇を続けていないか。上昇している場合，上昇が売上増につながっているか　○
⑫ ソフトウエア，のれんなどが急増していないか，増加が売上増につながっているか　　　　　　　　　　　　　　　○
⑬ 投資有価証券，関係会社株式・貸付金などが多すぎないか，増加し続けていないか　　　　　　　　　　　　　　　×
⑭ 取引相手先について，取引状況に異常が感じられることがないか　　　　　　　　　　　　　　　　　　　　　　　○
⑮ 同業者などの間に不穏な噂などが広まっていないか　○

大塚課長「それでは，チェックリスト法によるテストの総括をしよう。大分遅くなったので簡単に済ませよう。

　3期分の決算書しかないので，完全なテストはできなかったが，それでも②のテストで利益平準化の疑いが察知された。⑦，⑧，⑨

番のテストで，その他流動資産やその他棚卸資産を利用した資産水増しの粉飾の疑いが濃厚になった。粉飾があったとすると，自己資本比率は10％未満になっていた可能性が高いし，債務超過の危険性もある。成長性にも疑問がもたれるとすると，第一商事は収益性が低く，財務内容が劣悪な，危険会社と評価すべきという結論になる。
　吉田君はどう評価するかね」

吉田課長　「大塚君のいうとおりだと思う。それにしても，会計がわからないと決算書など読めないと思い込んでいたんだが，そうとは限らないんだね。営業課長に任命されたとき，一番気がかりだったのは，決算書が読めないことだった。前任の課長の話でも，得意先に騙されどおしで，そのため会社に大きな迷惑をかけたとしみじみ話してくれたよ。それやこれやで不安でいっぱいだったんだが，今日の話を聞いて幾分かは肩の荷が下りた感じがする」

大塚課長　「これで安心してもらっては困る。
　これからの営業課長は，決算書が読めることが条件になる。それも便法でなく，粉飾がますます巧妙化することが予想されるので，便法だけでは通用しない。やはり，それなりの理論武装が必要だ」

吉田課長　「わかってるよ。その覚悟はできているんだから。これからもよろしくご指導をお願いするよ」

大塚課長　「渡辺君はどうかね。今日の話を理解できた？」

渡辺君　「ハイ，わたくしも吉田課長と同じように，経理の知識がない

営業マンでも，それなりに決算書を読めるということが分かって意を強くしました。これまでは，何とか比率にコンプレックスを感じていたんですが，営業マンの取引先や営業に関する知識や情報を使えば，経理のベテランが読み解けない情報を引き出すことができることが分かって，コンプレックスが吹き飛びました」

吉田課長　「頼もしいことを言ってくれるね。それでは，遅くなりついでに，明日は休みなんだから，軽く懇親会ってのはどうかね」

大塚課長，笹井さん，渡辺君　「賛成！」

(4) チェックリストによる調査（パート２）

ⅰ）チェックリスト・パート２の紹介

場　面４

翌週金曜日の夜，管理部会議室で３回目の研修会が開かれている。

大塚課長　「今日はチェックリスト・パート２の説明をしよう」

　　チェックリスト・パート２を配る

　図表８　チェックリスト・パート２
　① 仕入債務回転期間が長すぎたり短すぎたりしないか
　② 借入金依存度が高すぎたり（50％程度以上），低すぎることがないか，上昇または低下を続けていないか

③ 未払金などが大幅に減少していないか
④ 借入金利子率が高すぎないか（4％程度以上）
　注）借入金利子率＝（支払利息÷借入金合計）×100％
⑤ 長期借入金が減少して短期借入金が増えていないか

大塚課長　「パート2は主に負債項目についてのものだ。チェックリストの順に検討しよう」

ⅱ）負債項目のチェックポイント

① 仕入債務回転期間が長すぎたり短すぎたりしないか

大塚課長　「仕入債務回転期間は長すぎても，短すぎても問題がある。長すぎるのは資金繰りが苦しいから支払期日を長く設定していることが考えられる。仕入債務の一部が支払不能で，固定化している可能性もある。

　短すぎる場合には，粉飾で買掛金の一部を隠していることが考えられる。売上債権が膨らみ過ぎると，売掛金と買掛金を相殺して，両方とも消してしまう粉飾もある。買掛金を払ったことにして，滞留している売掛金の決済に見せかける粉飾も最近よく見かける。この場合には仕入先の架空の口座を作っておくなどしておいて，いったんその口座に振り込んだのちに滞留している得意先の名義で自社の口座に振り込むのだ。

　仕入債務回転期間が短縮するのが粉飾によるものでない場合でも，仕入先が警戒を強めて，支払金の短縮を余儀なくされていることも考えられる。これまでは，3か月の手形を受け取ってくれていた仕入先が，現金払いでなければ商品を納入してくれなくなったために，

いや応なしに回転期間が短くなったなどだ。取引先間での信用が低下すると，噂が噂を読んで，倒産に至る危険性が高くなるので注意が必要なケースだ」

笹井さん　「仕入債務回転期間は仕入債務を売上高で割って計算するんですか？」

大塚課長　「本当は，仕入高で割って計算すべきなんだが，仕入高は損益計算書に記載されないのが普通で，金額などわからないから，代わりに売上高を利用するしかないことが多い。その場合でも，販売会社のように，仕入商品をそのまま販売する場合や，部品を組み立てるだけの単純作業をするだけで製品になる製造業者などで，売上高と仕入高の間に大きな差のない場合には，売上高で仕入高を近似できる。ただ，在庫増減の影響を受けるので，厳密な近似はできない。仕掛品や製品の在庫が多すぎるので製造を減らして減産している場合には，売上高に比べて仕入高が少なくなるし，在庫を増やす場合には逆の結果になる。

　製造工程での付加価値が高く，原材料の仕入高が売上高のほんの一部に過ぎない場合は，売上高で仕入高を代理できない。そんな問題があるが，平均して仕入高も売上高に比例して増減すると考えられるから，売上高で計算した回転期間も増減を調べるのには一応の目安になる」

渡辺君　「それじゃ仕入債務回転期間は会社によって大きく違ってきますね」

大塚課長 「そのとおりだ。だから一律に何か月なら短すぎて，何か月なら長すぎるなんてことは言えない。1期間だけでなく，前年度，翌年度を通して調査する必要がある。時系列で見て，変動状況で判断するのがよい」

笹井さん 「第一商事では3年間を通して3か月以内で大きく動いていませんので，○印ですね」

② 借入金依存度が高すぎたり（50％程度以上），低すぎることがないか，上昇または低下を続けていないか

大塚課長 「借入金が多いのは，純資産が少ないことの裏返しであることが多い。ただ，純資産が少なくても，仕入債務などの借入金など有利子負債以外の債務（ここでは一般債務としておこう）が多い場合には，借入金が少なくて済む。

　借入金と一般債務との大きな違いは，一般債務は，仕入高の金額に応じて増減する仕入債務や，課税所得の大小によって半ば自動的に決まる未払税金，あるいは，退職金規程と従業員の勤務事情などによって決まる退職給付引当金などのように，原則として，事業活動に伴い半ば自動的に発生するものであり，会社が自社の資金繰りのために勝手に作り出したり，金額を決めることができないものが多いことだ。

　これに対して，借入金は原則として企業側の資金繰り事情や財務政策に従って，企業の自由に決めるものである点に大きな違いがある。ただし，借入金は企業の信用状態の影響をも受けるので，企業の希望どおりに借りられるとは限らない。銀行が貸してくれなけれ

ば借入をあきらめるしかなく、最悪の場合には資金繰り破綻で倒産する。

　使用資金の何パーセントを借入金で賄っているかを借入金依存度というが、ざっくりいって、借入金依存度が30％台であれば財務はおおむね健全といえるが、40％を超えると借入過多と見られ、銀行が融資を渋るようになる。50％を超えると追加融資を断られるケースが増える。ただし、これはあくまでも一般論であり、どのような状態のときに銀行からどの程度まで融資が受けられるかは、会社の将来性や不動産などの担保物件の中身、経営者の財力、親会社やスポンサーの有無などにも左右されるが、借入金依存度が資金繰り事情を示す指標になるとみて、チェックリストでは、借入金依存度50％以上にチェックマークを付けることにしてある。

　今は、金利が低いので金利はあまり大きな負担にはならないことが多いのだが、それでも、借入金が多いと、調達利子率が高くなるので、支払利息の負担が馬鹿にならない。

　それに、借入金が理由もなしに増加するのは、粉飾が原因の場合があるので、粉飾発見にも役立つ」

笹井さん　「それはどういうことですか？」

大塚課長　「借入金が増えるのは、主に、売上が増えて運転資本が増えた場合、設備投資資金などを借入金で賄った場合、それに、損失が発生した場合だ。これらの理由がないのに、借入金が増えるのは、事業目的以外に資金が流出しているか、損失の発生を隠している場合だ。事業目的外に資金が流出するのは、損失に転じるリスクが高いので、いずれの場合も粉飾に準じた注意が必要だ」

大塚課長　「借入金を隠す粉飾も考えられるので，借入金回転期間が短縮するのにも注意する必要がある。借入金依存度がどの程度なら過少を疑うべきかは，会社によって違うので，低すぎる場合の基準は示していない。会社ごとの実態に応じて決めるべきだからだ。過小計上を見破るにはかなりの経験が必要なので，ここでは過大の場合だけを問題にすることにしよう」

吉田課長　「借入金を隠す粉飾はどのようにして見つけるの？」

大塚課長　「むつかしい問題だ。状況に応じて判断しなければならない場合が多いだろうな。それに借入金が，予想される資金需要の割に少なすぎるのは，必要資金を銀行から調達できないために，いろんなところで無理をして調達している可能性があるので，借入金隠しの粉飾でない場合でも，それ以上に深刻な問題だ。

　借入金隠しには，登記簿で不動産に設定された銀行の抵当権などが参考になる。抵当権の極度額と比べて借入金の金額が少なすぎる場合など，借入金を隠していることが疑われるが，将来の資金需要を考えて抵当権を多めに設定していることも考えられる。ただ，業績がすぐれず，資金繰りが苦しいと思える会社では，担保などすべて使い切っていると考えるべきだ。

　闇金融に手を出しているなどの風評にも注意するべきだ。不動産に銀行以外の企業や個人が担保権を設定している場合には，闇金融の利用を疑ってみる必要がある。

　④番のチェックポイントの調達利子率による調査も，この項目の評価に関係する」

吉田課長　「第一商事の場合は，借入金依存度が15年3月期に50％を超えたし，16年3月期には55％に達しているから，この項目は×印だな」

笹井さん　「危険ラインの50％を超えていますし，僅かばかりでも利益が出ているうえに，設備投資などほとんどしていない様子なので，損失をかくしている疑いも持たれますね」

大塚課長　「棚卸資産回転期間が1か月ほど伸びているし，その他の流動資産や投資が大きく膨らんでいるのが，借入金依存度が増えた原因と思われる。これらは，粉飾でなくても，リスクが大きく膨らんで，粉飾と同じような結果になる危険性もある」

③　未払金などが大幅に減少していないか

大塚課長　「最近，費用の支払いを，滞留している売上債権の回収に振り替える例が増えており，これらのケースでは，結果的には費用の未払金を隠す粉飾になる。

　　仕入債務は金額が比較的大きく，変動が激しいので，粉飾に利用されやすい項目だが，全額を隠しても残高をゼロ以下にはできないので，粉飾に利用できる金額には限度がある。それに対して，未払金や引当金などは，例えば自動車のリコール費用や原子力発電所の事故補償金の未払金のように上限がないので，粉飾金額も青天井に膨れ上がる可能性がある。

　　金額は青天井に膨れ上がる危険性があるのに，リコールや事故などが公表される場合はいいが，裏でこっそりと処理されている場合

には，外部の利害関係者は，未払金が発生することすらわからないので，発見が無理なケースが多い」

吉田課長　「なるほど。資産水増しの粉飾は比較的単純で，発見が容易なケースが多いが，負債隠しの粉飾はなかなか複雑な場合が多いんだね」

渡辺君　「第一商事の場合は，事故などの噂が聞かれないので，この項目は一応合格にするしかないですね」

④　借入金利子率が高すぎないか（4％程度以上）

大塚課長　「支払利息を借入金合計で割って計算する借入金利子率は，今は金利が著しく低下しているので，1〜2％程度以下の会社が多い。それが，4％とかそれ以上の場合には，信用がないために，著しく高い金利を払わないと資金調達ができないか，分母の借入金の一部を隠しているかのどちらかが疑われる。

　借入利子率は，時代により，企業により違いがあるが，現在の一応の目安としては，4％程度を超えている場合を異常と判断すべきと考える」

笹井さん　「借入金利子率の計算では，分母の借入金は期首と期末の平均値を使用すべきですね」

大塚課長　「そのとおりだ。期末ぎりぎりに借入を大幅に増やした場合は，当年度の支払利息が僅かで済むので，借入利子率が低くなるが，

いつ借入を増やしたかなど分からないので，時系列的に連続して観察する必要がある」

吉田課長　「第一商事の借入利子率は2％以内だから，問題はなさそうだな」

⑤　長期借入金が減少して短期借入金が増えていないか

大塚課長　「長期借入金が減少して，短期借入金が増えるのは，銀行側が貸し倒れを警戒して，いつでも引き上げられる短期貸付金しか貸さなくなったことが推察される。
　　ただ，会社側では金利の高い長期借入金を返済して，金利の安い短期借入金に切り替えたことも考えられるが，資金繰りに詰まっている会社ではそのような余裕がないと考えるべきだ。」

笹井さん　「第一商事の場合は，主に短期借入金が大幅に増えていますが，長期借入金も増えていますので，どちらとも言えないですね。△印です」

　ⅲ）総　　　括

大塚課長　「以上でパート2は終わりなんだが，総括すると次のとおりとなる」
　チェックリスト・パート2
　　①　仕入債務回転期間が長すぎたり短すぎたりしないか　　　　　　　○

② 借入金依存度が高すぎたり（50％程度以上），低すぎることがないか，
　上昇または低下を続けていないか　　　　　　　　　　　　　　×
③ 未払金などが大幅に減少していないか　　　　　　　　　　　　○
④ 調達利子率が高すぎないか（4％程度以上）　　　　　　　　　　○
⑤ 長期借入金が減少して短期借入金が増えていないか　　　　　　△

大塚課長　「3日間の検討結果を総合すると，第一商事は，事業拡大に伴う総資産の増加に純資産の増加が追いつかず，自己資本比率の低下が続いている。16年3月期には10％台にまで低下しているのだが，棚卸資産やその他流動資産などが粉飾で水増しされている疑いがあるし，投資その他の資産なども含み損を多く含んでいるとみるべきだ。これらを勘定に入れると，すでに債務超過に陥っている疑いが濃厚だ。借入金依存度が高く，追加資金の調達が限界に達していると思われるので，資金繰り面でも極めて危険な状態にあることが推察される。以上だ」

吉田課長　「残念ながらそのようだな。やっていれば大けがをする可能性が大だったね。
　　取引先候補が没になったのは悲しいが，決算書が読めなくても，ある程度のことがわかることが分かったのが，大きな収穫だった」

渡辺君　「私も同感です」

吉田課長　「まだまだ，勉強をしなければならないことが山とある。しかし，営業で追いまわされているのに，どこまで勉強ができるかに自信が持てないなあ。決算書のなかには，会計の専門知識がないとわからない科目もあるので，結局，専門家でないと読みこなせな

いってことではないの」

大塚課長　「そんなに頑張ることはないよ。わからないことは後回しにして，専門家の意見を聞けばよい。何もかもわかるなんてことは考えなくてよい。
　これで終わりだが，まだ時間が早いので，ケーススタディをやってみようか」

吉田課長，笹井さん，渡辺君　「お願いします」

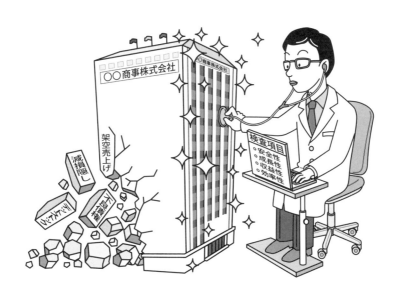

2　ケーススタディ（東芝のケース）

(1) 東芝の粉飾について

大塚課長　「ケーススタディには，最近粉飾で話題になった東芝を取り上げることにした。笹井さんに，東芝の要約決算書を作ってもらった」

　　　笹井さんが全員に東芝の要約決算書を配る

図表9　東芝要約決算書推移表（不適切会計処理訂正前）

（単位：10億円）

	09/3	10/3	11/3	12/3	13/3	14/3
売上高	6,655	6,382	6,399	6,100	5,727	6,503
前年度比増減率（%）		-4.10	0.27	-4.67	-6.11	13.55
売上総利益	1,289	1,460	1,501	1,466	1,413	1,649
売上総利益率（%）	19.37	22.88	23.46	24.03	24.67	25.36
営業利益	-250	118	240	206	198	292
当期純利益	-344	-20	138	74	77	51
当期純利益率（%）	-5.17	-0.31	2.16	1.21	1.34	0.78
現金預金	344	267	259	214	209	171
売上債権	1,083	1,184	1,124	1,308	1,372	1,506
回転期間（月）	1.95	2.23	2.11	2.57	2.87	2.78
棚卸資産	758	796	864	884	1,003	934
回転期間（月）	1.37	1.50	1.62	1.74	2.10	1.72
その他	536	515	553	595	576	598
流動資産合計	2,721	2,762	2,800	3,001	3,160	3,209
回転期間（月）	4.91	5.19	5.25	5.90	6.62	5.92
長期債権及び投資	535	623	660	701	706	665
有形固定資産	1,090	979	900	851	885	960
その他	1,108	1,088	1,019	1,177	1,349	1,408
内のれん	311	305	283	404	510	580
固定資産合計	2,733	2,690	2,579	2,729	2,940	3,033
回転期間（月）	4.93	5.06	4.84	5.37	6.16	5.59

資産合計	5,453	5,451	5,379	5,731	6,100	6,242
回転期間(月)	9.83	10.25	10.09	11.27	12.78	11.52
仕入債務	1,004	1,192	1,194	1,293	1,190	1,200
回転期間	1.81	2.24	2.24	2.54	2.49	2.21
短期借入金	1,034	257	312	326	433	204
その他	1,020	1,039	992	1,040	1,114	1,188
流動負債合計	3,068	2,488	2,498	2,659	2,737	2,592
長期借入金	777	961	770	910	1,038	1,185
その他	850	874	931	925	908	812
固定負債合計	1,626	1,835	1,701	1,835	1,946	1,997
負債合計	4,694	4,324	4,200	4,495	4,684	4,589
回転期間(月)	8.46	8.13	7.88	8.84	9.81	8.47
純資産合計	759	1,128	1,180	1,237	1,416	1,652
内利益剰余金	395	375	552	596	635	652
内外貨換算調整額	-223	-231	-275	-286	-220	-109
自己資本比率(%)	13.92	20.69	21.94	21.59	23.21	26.47
借入金合計	1,810	1,218	1,082	1,236	1,471	1,389
借入金依存度(%)	33.19	22.34	20.12	21.57	24.11	22.26
支払利息	34	36	32	32	33	34
借入金利子率(%)	1.88	2.96	2.96	2.59	2.24	2.45

大塚課長　「東芝では，2015年4月に，社会インフラ事業において，工事進行基準の会計処理について調査を必要とする事項が判明したとして，調査のために社外の専門家を含む特別調査委員会を設置したことを発表した。その後，工事進行基準案件以外にも調査範囲を広げる必要のあることが判明したため，外部の専門家による第三者委員会の調査枠組みに移すことにして，第三者委員会を設置したのだが，第三者委員会の調査範囲がどんどん広がっていって，半導体事業，パソコン事業など東芝のほぼ全事業に拡げられることになったんだ。

　不適切会計処理の訂正額も最初は500億円程度を予想していたのだが，7月20日に提出された第三者委員会の報告書では，税引前損益の要修正額は1,518億円に膨らみ，東芝が独自に進めていた自主

チェックによる44億円を加えて，要修正額は1,562億円になった。

その後も，調整や追加修正が続いた結果，最終的には要修正額は税引前損益で2,248億円になり，税引後でも1,552億円になった。

東芝では，2015年9月7日に，11年3月期から14年3月期までの有価証券報告書と，2015年3月期第3四半期までの四半期報告書についても訂正報告書を公表したんだが，今日は，東芝の不適切会計処理訂正前の決算書から，どの程度まで粉飾や含み損などが察知できるかを試してみたい。そのために，要約決算書には2009年3月期から，2014年3月期までの6期間の粉飾訂正前の損益計算書と貸借対照表の要旨を記載してある。

なお，最近は粉飾のことを不適切会計処理というようだが，ここでは回りくどい表現はやめて粉飾に用語を統一することにする。

2009年3月期は2008年10月に起ったリーマンショックやその前のサブプライムローン破綻などの影響を受けて，日本のみならず世界中の各社が軒並みに赤字を出した時期だ。東芝もその例にもれず，09/3期には3,440億円の当期純損失を計上している。

東芝では，早くから業績が低迷していて，社内の各事業で粉飾が行われていたようだが，リーマンショックを境に粉飾の規模がエスカレートしたことが予想されるので，09年3月期をケーススタディのスタート時期とした。

本当はもう1～2年さかのぼって，リーマンショックの前後を比べてみるべきかもしれないが，取りあえずは6年間で検討することにした。

図表9では，重要な項目には回転期間などを計算して各項目の下側に記載してある。借入金については，短期借入金，長期借入金，社債を合計した借入金合計額を計算し，借入金依存度を計算して記

載してある」

大塚課長　「まず，概観調査だ。その前に，東芝についての予備知識として，子会社のウェスチングハウス社（以後，WH社と呼ぶ）のことを話しておこう。

　東芝では2006年10月に米国の原子力発電事業などに強いWH社を買収したのだが，2011年3月11日の東北大震災による福島第一原子力発電所の事故により，原子力発電事業の営業環境が一変した。原子力発電所新設の計画が軒並みに延期や凍結されて，原子力産業は一挙に氷河期に突入した。

　それに，東芝ではWH社を当時の相場の2倍以上の高値で買収したとの噂があり，噂通りなら，同社買収に関連して計上したのれんには多額の含み損の生じていることが推察される。この程度の予備知識で概観テストをスタートしよう」

渡辺君　「その前に，のれんってどんなものかを教えてください」

大塚課長　「例えば純資産が3,000億円の会社の全株式を6,000億円で買収して子会社にした場合，買収額のうち純資産を上回る金額3,000億円をのれんに計上するんだ。のれんは形のあるものではないし，買収価格が合理的であったとは限らない。買収後に環境が変わるなどで，価値が低下することもある。日本の会計規則では，20年以内でその効果の及ぶ期間にわたって毎年度定額の償却をすることが義務付けられている。その上，減損の事由に該当した場合には減損処理をして残高を減額しなければならない」

(2) 概観テスト

ⅰ）安全性のチェック

大塚課長　「今回は，営業部主体に検討を進めてもらうことにして，我々管理部はもっぱら聞き役に回ることにしよう。

　　まず，安全性について，渡辺君どうぞ」

渡辺君　「うまく答えられる自信がありませんが，やってみます。

　　東芝では，リーマンショックの2009年3月期に3,440億円の当期純損失を出したため，純資産が減少して，自己資本比率は13.92％に落ち込みましたが，翌年度末には20％台に回復しています。その後も上昇傾向が続いて14年3月期末には26.47％に達していて，安全水準30％にあと一歩のところにまで来てますね。

　　利益剰余金は利益の内部留保金のことですよね。2011年3月期以降利益が出ているので利益剰余金は増加しています。

　　えーっと，外貨換算調整額って何ですか？」

大塚課長　「東芝では，米国の会計基準で決算書を作っているので，こんな名称になっているんだが，日本の基準では為替換算調整勘定と呼ばれている。在外子会社への投資額の円貨換算に伴って発生する調整金のことだが，この項目は無視することにしよう」

吉田課長　「東芝は日本を代表する老舗の優良会社と思っていたんだが，自己資本比率が案外と低いんだね。ほかの日立だとか三菱電機なんかはどうなんだね」

第一編　会計知識のない人の決算書の見方

笹井さん　（パソコンを操作して画面を眺めながら）「日立製作所は2014年３月期には約35％ですし，三菱電機は約44％もあります」

吉田課長　「かなり差がついているね。これでは，経営者はあせってるだろうな。このあせりが粉飾の動機になったってことか」

社長

笹井さん　「借入金依存度は14年３月期で22.26％で，わりと低いんですね。仕入債務や退職給付引当金などの一般債務が多いのが幸いしています」

大塚課長　「総合すると，財政状態は万全じゃないけど，危険視するほど悪くはない。ただ，名門会社にしては見劣りするので，経営者には焦りがあって粉飾に対するインセンティブが強い。粉飾に注意が必要ということだね」

ⅱ）成長性のチェック

大塚課長　「次は成長性のチェックだが，渡辺君，続いて頼むよ」

渡辺君　「売上高は低下傾向にあったのですが，2014年3月期には上向きに転じています。上昇が一時的なものかは次期以降の売上高を見る必要があります」

大塚課長　「このポイントでは，これ以上の詮索をしても大した効果がなさそうだね。
　　　　じゃ，次に移ろう」

ⅲ）収益性のチェック

渡辺君　「リーマンショックの2009年3月期とその直後の10年3月期には当期純損益が赤字になりましたが，その後は黒字を出し続けています。2年間の赤字はリーマンショックによる一時的なもので，その後は黒字体質を取り戻したものとみられます」

大塚課長　「そうかな？ 2011年3月期に営業利益が大幅に増えたのは，民主党政権が行った家電のエコポイント制度が大きく寄与していると思われる。11年3月期，12年3月期の利益は一時的なもので，エコポイント制度が終了した12年3月期以降は，実質的には赤字に転落していたことも考えられる。エコポイント制度が終了した12年3月期には売上高，営業利益ともに低下して，当期純利益率も1％台に落ち込んでいる。僅かでも利益が出ているのは円高の恩恵による

もので，本当に業績が回復したとは言えない可能性もある。

　このポイントも，もう少し様子を見ないとわからないようだな。では，次だ」

ⅳ) 効率性のチェック

渡辺君　「総資産回転期間は上昇傾向が続いていますが，最高の2013年3月期でも12.78か月で，メーカーとしての特に高いということはありません。効率性の面では○印ですが，最低の09年3月期の9.83か月と比べて最高の13年3月期では2.95か月も回転期間が伸びています。14年3月期には11.52か月に低下してるのですが，それでも09年3月期と比べて1.69か月も伸びています。これらの伸びは異常だと思います」

大塚課長　「2014年3月期の2.95か月と14年3月期の1.69か月を平均すると2.32か月，低い方の14年3月期をとっても1.69か月の上昇になるが，いずれも異常な上昇と考えてよいと思う。

　次に，のれんが膨らんでるのも問題だな。

　のれんは日本の規則では，20年以内の期間で毎年定額の償却をすることになっている。東芝では米国基準を採用しているのだが，米国基準では，のれんは償却しない決まりになっている。その代り，毎年度一回以上減損テストというのを実施して，のれんの価値が下がっていないかをテストする，テストの結果，減損が必要だとなると，減損を実施してのれんの帳簿価額を引き下げなければならない。

　東芝が，WH社についていくらののれんを計上しているかは，2014年3月期の決算公表の時点では公表していないので，正確なと

ころはわからないが，09年3月期末におけるのれん総額の3,110億円の多くはWH関連と推察される。WH社買収の際，何社かの間で競争になったため，買収価格が吊り上がり，東芝は相場の2倍以上で購入したといわれている。

　それに，東芝では，のれんの減損はこれまで一度も実施していないようだ。福島原発事故後は，原子力事業の環境が著しく悪化しているので，のれんの価値も低下していることが予想される。減損をしていないとすると多額の含み損のたまっている疑いも持たれる」

吉田課長　「総資産回転期間の上昇は，売上債権，棚卸資産とのれんに原因があるようだ。いずれも粉飾に利用されやすい項目だよね」

大塚課長　「そのとおり。効率性自体には問題がないが，粉飾疑惑の面で×印を付けるべきだ。このポイントはむしろ粉飾チェックの機能に重点をおくべきだからね。
　概観テストはこれで終わりだね。それじゃ，概観テストの総括をしようか。
　笹井さん，どうですか？」

　　ⅴ）総　　　括

笹井さん　「①の安全性が△印で，②，③は保留ですが，×印に近い保留ですね。④は×印ですね。
　④の総資産回転期間が2009年3月期と比べて，13年3月期には2.95か月，14年3月期でも1.69か月伸びています。この回転期間の上昇が粉飾を意味しているとすると，……（電卓を取り上げて計

算する），14年3月期の売上高6兆5,030億円から月間の平均売上高は5,419億円になります。回転期間の上昇月を金額に換算すると2.95か月で1兆5,986億円，1.69か月では9,158億円になります。

　可能性としては最大で1兆6,000億円程度の粉飾による水増しが疑われる，ってことでしょうか」

大塚課長　「概観テストだから，結論とまでは言えないが，1兆円前後か，それ以上の粉飾か，粉飾でないにしても，粉飾類似のリスク要因が資産に含まれている可能性があるということだね。

　①のテストで自己資本比率の上昇が続いていて，14年3月期末では26％を超えていることから，安全水準の目安の30％に今一歩というところに来ていると渡辺君は評価したんだが，仮に，1兆円の粉飾があったとして，14年3月期末の純資産から差し引くと，純資産は6,520億円に減って，自己資本比率は危険ラインに一歩手前の10.44％になる。

　しかし，東芝のように歴史の古い会社では，不動産などに含み益もあるだろうし，儲かっている子会社もあるので，売却すればかなりの売却益が出るだろうから，仮に総資産回転期間の上昇部分がすべて含み損要素だとして，その全額をはきだしたとしても，まだ危険状態にはならないとは思うんだが。……ただ，今後，さらに業績が悪化して損失の計上で純資産を食い潰していくなら話は別だ。

　概観テストはこの程度にして，次のチェックリストによるテストに移ろう。前回と同じようにテストの結果，チェック事項に該当する場合には×印をつけ，該当しない場合には○印を付けることにしよう。どちらとも判断がつかないものは△印だ」

（3） チェックリストによる調査（パート１）

ⅰ）損益計算書チェックポイント

大塚課長　「それじゃ渡辺君，①番から頼むよ」

① 売上高・利益などが業界での傾向や景気変動などと違った動きをしていないか

渡辺君　「私は，2011年３月期以降は利益体質を回復したと見たのですが，大塚課長のおっしゃるように，11年３月期の利益はエコポイント制の恩恵を受けただけのものだったとしますと，この制度が終わった12年３月期はその反動でマーケットの環境は悪くなっていたことも想像できますね。エコポイントのメリットを狙って，翌年以降に買う予定だったテレビなどを11年３月期に前倒しで購入したのなら，その分だけ12年３月期の売上が減少することになりますから。
　そうだとしますと，2012年３月期以降の東芝の業績は出来過ぎなのかもしれませんね。それに，11年３月11日の東日本大震災後，福島第一原子力発電所の事故の影響を受けて，東芝では原子力事業の業績が大きく悪化して，全体の業績を引き下げている可能性だってあります」

笹井さん　「そういえば，３年間では長期といえるかどうかわかりませんが，東芝の12年３月期以降は次の②番の長期間僅かな利益しか計上していないのに赤字にならない，に該当する可能性もありますね」

大塚課長 「それじゃ，次の②番と一緒に検討しよう。渡辺君，次はどうだ」

② 長期にわたっていつも僅かな利益しか計上していないのに，赤字にならない

渡辺君 「リーマンショックの2009年3月期とその翌年度の10年3月期を除いて，エコポイント制のメリットを受けた11年3月期でも，売上高に対する当期純利益率は2.16％の低率ですし，12年3月期以降3年間1％台ぎりぎりか1％以下の純利益率が続いています。この利益率は著しく低いと言えると思いますが，その前には赤字を出しているので，赤字にならないという条件には当てはまらないのではないですか？」

笹井さん 「リーマンショックの時期は例外じゃないかしら。赤字が大きすぎて黒字化は無理だった。それにどこの会社も赤字だから，赤字を出すのに抵抗がなかったということも考えられます。いずれにしても，3年では長期間とは言えないので，もう少し観察を続ける必要があると思います」

大塚課長 「売上高に対する粗利益の割合である売上総利益率は，エコポイント制度で潤った2010年3月期や11年3月期よりも，エコポイント制度が終わって売上高が下降に転じた12年3月期以降も上昇を続けている。ちょうどそのころに売上債権や棚卸資産の回転期間が伸びている。これらはお互いに関連があるのかもしれないね。売上債権や棚卸資産の水増しで利益を嵩上げした効果が売上高売上総利

益率の上昇になっている，といった具合にね。
　①，②番は×印に近い△印だな。
　次は③番だ」

③　3年間以上にわたって前年度比売上高が30％以上も上昇していないか

大塚課長　「売上高が伸びるのは経営にとって望ましいことなんだが，あまり増えすぎるのも問題なんだよ。今のデフレ経済の世の中では，売上高を増やし続けるのは容易なことでないのに，年率30％も売上高を増やせる企業はそんなにいない。2年程度30％以上の伸び率で売上高を増やす企業はそこそこに存在するが，3年間続けてとなるとめったにない。
　もし，あったとしたら，循環取引などで売上高を水増ししていることを疑ってみる必要がある。ただし時流に乗って，あるいは新製品が当たって，何年も30％以上の成長率を達成する企業もあるので，成長の中身を吟味する必要がある」

渡辺君　「東芝では，2009年3月期以降では売上高は減少傾向が続いていますので，このポイントには当たりません」

大塚課長　「いいだろう。じゃ，次だ」

④　雑収益，その他の営業外収益が多すぎないか

大塚課長　「要約損益計算書では④番のテストは無理だね。それに，東

芝のような大会社では，雑収益などが全体の損益に大きく影響するようなことにはならないのが普通だ。このチェックポイントは主に中小企業を対象にしているんだ。
　じゃ次の⑤番だ」

ⅱ）貸借対照表チェックポイント（資産の部）

⑤　借入金が多いのに現金・預金が多すぎないか

大塚課長　「図表９には現金・預金の回転期間は記載されていないが，ざっと見て１か月を超える年度がないようだから，⑤番は○印だね。それじゃ，⑥番だ」

⑥　売上債権回転期間が高すぎないか，上昇を続けていないか

渡辺君　「売上債権回転期間を最低の2009年３月期を基準にすると14年３月期では0.83か月上昇しています。13年３月期では0.92か月の上昇です。
　　回転期間の上昇は粉飾か，粉飾類似の操作に関係しているとして，先ほどの概観で笹井さんが計算した月間の平均売上高5,419億円をそのまま利用させてもらいますと，約4,500億円から5,000億円程度の粉飾などがあった可能性があることになります」

大塚課長　「2013年３月期までの売上債権回転期間の上昇は異常だな。売上高は11年３月期を除いて減少が続いているのに，売上債権は増加の一途をたどっている。売上が減れば売上債権残高が増加すると

いう常識とは逆のパターンになっている。売上高について何らかの操作が行われているか，売上債権の水増しが行われているかを疑ってみる必要がありそうだな。

　回転期間はその時々の事情により相当幅で変動するので，上昇分がすべて粉飾によるとは断定できないが，数千億円の単位で異常が発生している疑いが濃厚だね。

　⑥番は×印だな。次は⑦番，棚卸資産だ」

⑦　棚卸資産回転期間が高すぎないか，上昇を続けていないか

渡辺君　「棚卸資産も売上債権と同じで，2013年3月期までは売上高の低下傾向が続いているのに，棚卸資産残高は増え続けています。

　2009年3月期を基準にしますと，13年3月期には0.73か月上昇していますが，14年3月期には0.35か月の上昇になっています。ばらつきが大きくて評価が困難ですが，0.35か月から0.73か月分の粉飾があるとして金額に換算すると約1,900億円から4,000億円になります」

大塚課長　「棚卸資産の場合は，売上債権ほどには売上高との関係が密ではないので，回転期間の効果は低くなる。それに売上債権とは違って，棚卸資産は売上高とは反対の増減になるのは珍しいことではないんだ。先日も説明したと思うが，年度末近くに売上高が急増して，在庫の補充が間に合わない場合，売上高が増えたのに，年度末の棚卸資産在庫が減少してもおかしくはない。反対に，売上が不振で用意した在庫が大量に売れ残ることもある。それでも，4年連続して売上高とは逆に棚卸資産の残高が増え続けるのは異常と判断

できるだろうね。

　棚卸資産についても，数千億円のオーダーで粉飾などによる異常残高が存在する可能性があるということだな。

　⑥と⑦番の回転期間の上昇の一部が，売上高や利益の水増しと関係があり，売上総利益率の上昇に寄与しているとすると，エコポイント制度が終わった11年3月期以降の業績が実際には赤字であったってことが十分にあり得るね。

　⑦番も×印だ」

大塚課長　「⑧，⑨番は，④番と同じで要約決算書ではチェックが無理なので，⑩番に移ろう」

⑩　繰延税金資産が多すぎないか。将来の利益で消化できる金額か

大塚課長　「このポイントには，多少は専門知識が必要だし，将来の利益予想が問題になるので，ここでは取り上げないことにして，次に移ろう。渡辺君，⑪番はどうだい」

⑪　有形固定資産回転期間が高すぎないか，上昇を続けていないか。上昇している場合，上昇が売上増につながっているか

渡辺君　「有形固定資産は残高でも回転期間でも低下気味で，回転期間は1か月台が続いています」

大塚課長　「残高が減少するのは，毎年実施する減価償却の金額よりも

新規投資額が少ないってことなんだろうな。その場合には，設備の陳腐化が進み，生産効率が落ちるとか，技術革新に見合った投資を実施していないから競争に後れを取るなどの弊害が心配される。

　ここでは，効率性だけを評価することにして，この項目は○印だな。

　それでは次の⑫番だ。問題のポイントだな」

⑫　ソフトウエア，のれんなどが急増していないか，増加が売上増につながっているか

大塚課長　「このポイントは概観テストでも取り上げたんだが，もう少し突っ込んで検討してみようか。ただ，この問題を理解するには専門知識も必要なので，僕が説明しよう。

　要約決算書は2009年3月期からしか記載してないが，のれん問題を調べるにはWH社を買収した06年3月期以前にまでさかのぼらねばならない」

―大塚課長は2005年３月期以降の東芝の売上高などをホワイトボードに記載する―

図表10　05年３月期から09年３月期までの売上高など推移表

（金額単位：億円）

	売上高	営業利益	当期純利益	総資産	総資産回転期間	のれん総額
05/3	5兆8,316	1,500	460	4兆5,714	9.40か月	202
06/3	6兆3,435	2,365	782	4兆7,271	8.94	242
07/3	7兆1,164	2,584	1,374	5兆9,320	10.00	3,685
08/3	7兆6,681	2,381	1,274	5兆9,356	9.29	3,286
09/3	6兆6,545	-2,502	-3,436	5兆4,532	9.83	3,107

大塚課長　2014年３月期決算書を公表した時点ではWH社に係るのれんの金額は公表されていないので正確な金額は不明だが，06年３月期末には総額で242億円であったのれんが，WH社を買収した07年３月期末には3,685億円に増えている。08年３月期以降のれん総額が減少しているのは，円高により外貨換算調整額のマイナスが増えたからだ。

　東芝では2012年３月期にもWH社の株の買い増しをしているので，WH社ののれんは，買い増し分を加えると少なくとも3,000億円程度以上であったことが推察できる。噂によると，東芝では3,000億円程度の相場の株を6,000億円程度で買ったとのことなので，この推定とほぼ符合する。

　6,000億円もWH社取得に投資したのに，営業利益は投資前の237億円と比べて，リーマンショックの2009年３月期は別にして，同じ程度か，大きく低下している。WH社の関連では営業利益が増えているのだが，ほかの事業で利益が減っているということかも知れないが，高いのれん代を払ってWH社を取得したのに，東芝グループ

の業績には寄与しておらず，むしろ足を引っ張っている可能性もある。

　もしこの推定が当たっているとすると，WH社関連ののれんは過大評価になっていて，多額の減損処理が必要であった可能性が高いことになり，⑪番は×印になる。

　⑫番はこの程度にして，⑬番はどうかな」

⑬　投資有価証券，関係会社株式・貸付金などが多すぎないか，増加し続けていないか

笹井さん　「東芝では，米国基準を採用していますので，この項目は，図表9では"長期債権及び投資"の名称で表示してあります。回転期間もそれほど高くはないし，特に目立った動きがありませんので，このポイントは○印と思います」

大塚課長　「いいだろう。
　⑭，⑮番は情報がないので，我々には評価ができない。総括に移ることにしよう。吉田君，どうかね」

吉田課長　「東芝については，概観で推察したように，12年3月期頃以降に粉飾か粉飾まがいのことがエスカレートしていて，利益や純資産を水増ししている疑いが濃厚だ。
　特に，売上債権，棚卸資産，のれんに問題があり，相当額の含み損を隠している疑いがもたれる，ということかな」

大塚課長　「そのとおりだと思う。

東芝では，2015年9月7日に，過年度決算書の訂正を公表し，総額2,248億円（税引き後で1,552億円）の粉飾による水増し利益の訂正を行った。その結果，15年3月期の決算では378億円の当期純損失を出したのだが，16年3月期においても，4,600億円の当期純損失を出して含み損を解消している。そこで，15年3月期と16年3月期における損失の計上状態から，過去における粉飾などの大きさを推定してみよう。

　訂正貸借対照表によると，粉飾の行われた最終四半期の2015年3月期の第3四半期では，売上債権を230億円，棚卸資産を520億円，有形固定資産を410億円の減額訂正をしている。しかし，のれんについては何の訂正もしなかった。

　2016年3月期の決算では，構造改善費用などで1兆円を超える含み損を整理している。資産別に分けると次のとおりだ。

　　棚卸資産　　　約2,500億円
　　繰延税金資産　約3,000 〃
　　のれん減損　　約3,000 〃
　　固定資産減損　約1,600 〃

　これらを総合すると，売上債権では粉飾訂正で230億円，棚卸資産では構造改善などによる約2,500億円に粉飾訂正の520億円を足した約3,000億円，のれんの減損で約3,000億円の整理を行ったのだが，我々の分析による粉飾などの推定額と比べて見よう。

　売上債権では，回転期間の上昇具合から4,500億円から5,000億円の粉飾を推定したのだが，230億円の訂正にとどまっている。

　粉飾訂正の結果，2016年3月期末の売上債権回転期間は2.47か月になったのだが，これは09年3月期の1.95か月にくらべて0.52か月だけ長い。売上債権については，回転期間の上昇の大部分は粉

飾による水増しではなく，構造変化によるものであったことになる。
　粉飾ではない正常な構造変化によるものであったにしても，回転期間の上昇は，リスクの増加を意味する可能性がある。それに回転期間の上昇幅が大きいので，今後も回転期間の推移を観察する必要がある。
　棚卸資産については，1,900億円から4,000億円の粉飾等を推定したのだが，この推定値は東芝の含み損整理額と符合する。
　のれんの減損の大部分はWH社に関するものであり，我々の推定は的外れでなかったことが証明された。」

大塚課長　「参考までにのれんの減損についての東芝の対応を紹介しよう。
　東芝では，2016年3月期の第3四半期まではのれんの減損は実施しなかった。減損テストの結果，減損の必要はないとの結論に達したとのことなのだが，減損テストでは，次のWH社の事業計画が評価の基礎になっている。

図表11　WH社営業利益の実績と計画表

年度	営業利益	
13/3	90億円	
14/3	−115 〃	
15/3	156 〃	ここまでは実績
16/3	300 〃	ここからは計画値
17/3	300 〃	
18/3	400 〃	
19/3	500 〃	
20/3〜31/3	1,400	

実績と比べ計画での営業利益が大きく膨らんでいる。特に2019年3月期以降の増加は異常に思える。これまで抑えられてきた原発の建設計画が19年3月期以降に一斉に解禁されるとの予想に基づくものと思われるが，実現性に疑問を持たざるを得ない。

2016年3月期の第3四半期から3か月後の16年3月期決算発表の直前になって，東芝は突然，WH社関連ののれんの減損を実施することを発表した。

東芝では，WH社の利益計画は変えていないのだが，減損が必要になった理由として，一連の不祥事件の結果，格付会社による格付けが引き下げられるので，銀行からの調達金利の引き上げが予想されることを上げている。その結果，株主の投資に対するリスクが高まるので，将来の計画値に対する割引率を引き上げた結果，減損テストでは減損事由に該当することになったというんだ。

東芝が急転して減損の実施に踏み切ったのは，キヤノンとの間で売却の商談を進めていた子会社東芝メディカルが，予想外の好条件での売却が決まり，売却益が16年3月期の決算に計上できることが決まったからと言われている。売却益のおかげで，WH社ののれんの減損のための利益の財源ができたっていうわけだ。

また，減損の理由として，WH社関連の業績予想の修正ではなく，調達金利の上昇を上げているのは，今更，業績予想を引き下げると，それ見たことかということになって，ますます信用が低下するので，理由として比較的無難な金利上昇を挙げたことも考えられる。

それに，東芝メディカルの株が好条件で売れてなければ，2016年3月期にも減損をしなかったことが予想されるので，財務情報の開示においては，まだ，歯切れが悪いって感じだね。この調子では，売上債権などにまだ含み損を隠していることも疑われるね。

2016年3月期の決算では，東芝メディカルの売却益3,817億円を計上したおかげで，1兆円を超える含み損を解消したうえで，当期純損失を4,600億円に抑えることができた。その結果，純資産で計算した自己資本比率は16年3月期には12.37％になるが，株主資本では6.05％であり，10％を下回って危険水準以下になったが，それでも債務超過になることは回避できた。

　東芝では，連日マスコミに粉飾や，情報の開示姿勢の悪いことを叩かれたし，歴代の社長が刑事訴追されるなどで，粉飾に対する十分すぎる制裁を受けているのに，この期に及んでもまだ，含み損を出し渋ったのは，債務超過に陥ることの恐怖心や，名門会社のプライドなどが強く作用していたことが伺われる。

　粉飾に対する動機がなくならない限り，これからも粉飾がなくならないってことかな」

(4) チェックリストによる調査（パート2）

ⅰ）負債項目のチェックポイント

大塚課長　「それでは，チェックリスト・パート2に移ろう。
　　パート2には，負債に関するチェックポイントを集めてある。渡辺君，①番はどうかね」

① 仕入債務回転期間が長すぎたり短すぎたりしないか

渡辺君　「仕入債務回転期間は2か月前後で推移していますので，特に問題はないと思います。

第一編　会計知識のない人の決算書の見方

大塚課長　「そうだな。じゃ，次，②番だ」

②　借入金依存度が高すぎたり（50％程度以上），低すぎることがないか，上昇または低下を続けていないか

渡辺君　「借入金依存度は比較的低いし，ほとんど動いていないですね。高すぎるってことはないようですし，低すぎるほどでもないですね」

大塚課長　「低すぎる場合には粉飾が疑われるのだが，特に低いというわけもないし，②番は○印だな。
　　　では次，③番だ。渡辺君どうかね」

③　未払金などが大幅に減少していないか

渡辺君　「要約貸借対照表では判定できませんが，その他の流動負債などが大きく動いていませんので，このポイントは○ですね」

大塚課長　「いいだろう。では④番だ。笹井さん，頼むよ」

④　借入金利子率が高すぎないか（4％程度以上）

笹井さん　「東芝の借入金利子率は2％台であり，ちょっと高すぎる感じですが，問題にするほどは高くないようですね」

大塚課長　「じゃ，④番も○印だね」

⑤　長期借入金が減少して短期借入金が増えていないか

笹井さん　「⑤番も特に顕著な変化がないので，○印ですね」

大塚課長　「そうだな。結局パート2では，すべてパスってことだな」

ⅱ）総　　括

場　面5

　金曜日の夜，会社近くの居酒屋「一休さん」で4人が，会社での会議の続きをしている。

吉田課長　「みなさん，長時間ご苦労さんでした。
　　第一商事と東芝のケーススタディによって，僕のような会計の知識のない人間でも，概観法やチェックリスト法で，企業の財務についてのかなりの部分の解明ができることが分かって，だいぶん気分が楽になったようだ。じゃ，乾杯しよう。乾杯！」

大塚課長　「満足するのは早いよ。これはまだほんの入り口に過ぎないんだから。
　　得意先を選ぶのに大事なことは，当座の安全性だけでなく，将来にわたってわが社に繁栄をもたらしてくれるかどうかを見定めることだ。何べんもいうが，得意先は将来のわが社繁栄の先導役になるんだからね。
　　そのためには，30／10の法則だけでなく，もっといろんなことを勉強する必要がある。

自己資本比率が30％あれば安全といえるのは，当座の間だけだ。将来損失が続けばやがては危険状態になる。現在儲かっていても，成長が止まり，停滞に転じれば損失体質に転落する。いくら良い数字が出ていても粉飾で飾っているのではやがてははげ落ちる。

　要は，企業の将来を正しく予測することが肝心なんだ。粉飾で歪曲された可能性のある過去についての情報からじゃ無理なことはわかっている。でも，無理だと言ってあきらめるわけにはいかない。決算書を読み解く技術をさらに磨くほかない。

　貸借対照表からは各科目の残高や諸比率だけでなく，中味の質やその厚み，持続性，強靭性などを知る必要がある。リスクの大きさや性質を知る必要がある。

　損益計算書からは利益を生み出す源泉や収益構造，その変化や趨勢，需要や環境の変化についていく適応力などを読み取る能力を養わねばならない。

　そのためには貸借対照表，損益計算書などの仕組みや理論についての知識が必要だし，それを読み解く分析技術を養う必要がある。分析技術を磨くには知識だけでなく，場数を踏むことが大切で，洞察力や想像力などをも養う必要がある。目的意識をもって対象を観察する態度も大切だ。

　回転期間による分析などは理論よりも経験がものをいう。回転期間が異常かどうかを判断するにはどの程度までが正常値でどの程度なら異常値かの基準をしっかりと頭に入れておくことが肝心だ。これには，何回も何回も分析を重ねていくと自然に頭には入るものだ。それに，例えば，売上債権や棚卸資産などについては，我々よりも君たち営業の人たちの方が，日ごろの取引や交渉などを通じて，業界での生きた数値などを知る機会がある。実際の経験や知識と比べ

て異常か正常化を判断することができる。
　　まだまだ，これからやることがいっぱいある」

吉田課長　「ハイハイ，よくわかりました」

大塚課長　「学者ではないし，アナリストでもないんだから，勉強をすると言ったって，限度があるだろう。偉そうなことを言ったが，これはむしろ僕たちに向けて言ってるんだ。あまり気にしないでくれ」

【追加情報】

　東芝では，2016年3月期に4,600億円の損失を計上して，純資産を6,723億円にまで縮小させて，自己資本比率を12.37％としたのですが，合理化の甲斐があってか，16年11月11日発表の17年3月期の第2四半期には1,153億円の純利益を計上し，純資産も6,981億円に回復（自己資本比率14.45％）させました。17年3月期の通年の予想でも1,450億円の純利益を計上することになっていて，順調な再生への滑り出しとなったように見えました。
　2016年12月27日に，東芝は米国の連結子会社ウェスチングハウス社（WH社）が15年末に買収した原子力の建設と総合的なサービスを担当するCB＆Iストーン・アンド・ウェブスター社（以下，S＆W）について，買収に伴うのれんの減損により数千億円規模の損失が発生する可能性の生じたことを発表しました。
　S＆W社買収については，2016年1月5日付けの東芝の報告では，

WH社の買収価格が公正価格を上回る金額を約105億円と予想していて，この金額を暖簾に計上して減損処理することを考えていたようですが，その後の調査で，原発工事での損失予想額が膨らんだ結果，最終的には損失予想額が7,000億円にも上ることが明らかになったとのことです。

　WH社がS＆W社を買収したのは次のような事情によるとのことです。2008年にWH社が米国で獲得した4件の原子力発電所プロジェクトについて，福島原発事故後安全対策などの規制が厳しくなり，設計変更などで工期に遅れが生じていました。そのため，増加する工事費の負担を巡って，建設工事を担当するS＆W社とWH社および施主との間で紛争が生じ，訴訟にまで発展する事態になったため，WH社では，一括解決によりプロジェクト完工に注力し，工事をスムーズに進めるため，C＆W社を完全子会社にして事態の打開を図ったもののようです。

　東芝では2017年2月14日に17年3月期第3四半期の決算発表を行う予定でしたが，当日になって，決算発表期限を17年3月14日まで延長する申請を行いました。期限延長の理由として，WH社のS＆W社買収に伴う取得価格配分手続の過程において内部統制の不備を示唆する内部通報があり，さらなる調査が必要になったためと説明しています。

　東芝では17年2月14日に発表を予定していた17年3月期第3四半期の決算内容を，調査の結果変更される可能性のあることを前提に，非公式に決算を公開したのですが，それによりますと，のれんの減損額は7,125億円になり，四半期純損失は4,999億円になるとのことです。その結果株主資本は1,912億円のマイナスになり，純資産も債務超過に近い681億円になります。

　東芝では，WH社のS＆W社買収に伴うリスクについて正しい情報を持っていなかった模様で，買収の当事者のWH社でも巨額損失のリスクに気付いたのは16年10月初旬であったと言われています（週刊ダイヤモ

ンド2017年2／11号)。

　東芝では，WH社について，将来の原発プロジェクトの利益を見込んで，16年3月期第3四半期まで減損の必要性を否定していたのですが，WH社が08年に契約した原発プロジェクトでは設計変更などによる工事費の負担が大幅に増加する見通しとなっていたことなどを考えますと，東芝やWH社の減損リスクについての認識が甘すぎたことが指摘されます。

　東芝およびWH社で，厳しいリスクマインドがあれば，粉飾事件が明らかになって過年度に遡って決算書の訂正を行った15年3月期において，WH社の減損処理をしていたと思われます。また，WH社のS＆W社買収についても，すべての損失を抱え込むような安易な買収はしなかったと思われます。(以上は17年2月17日現在の情報に基づくものです)

第二編

経理の基礎知識がある人の決算書の読み方

1　はじめに

　第一編では簿記や会計の知識などない人が，主に決算書の概観とチェックリストによるチェックにより，常識的に決算書を読み解くことで，企業の業績と財務の実態を知る方法を紹介しましたが，第二編では，基本的な最小限の会計の知識により，もう少し決算書を深読みして，より詳しい情報を読み取る方法を取り扱います。

　決算書の読み方は，人によって違いがあると思われますが，筆者は，まず，第一編で紹介した概観テストにより，調査企業の輪郭や特徴をつかみ，長所や弱点のおおよその見当をつけたうえで，決算書の科目ごとの詳細調査に移ることにしています。

　チェックリストのチェックと詳細調査は別々に行うのではなく，主にチェックリストの項目ごとに質問に答える要領で決算書の各項目の調査を行います。問題ありとの結論がでたのなら，原因を探ります。大抵のケースではこのチェックリストの項目ごとの検討により，詳細調査の目的はほとんどすべて達成できると思われますが，ほかにも問題点がないかを調べたのちに次のポイントに移ります。企業ごとに特殊な事情などがあれば，その項目についてチェックポイントを増やします。

　第二編でも，実例により，概観テスト，チェックリストによる調査，

決算書詳細調査の順に,ケーススタディの形で調査の手順や方法などを説明します。

2　決算書の基本構造

(1)　損益計算書について

ｉ)　損益計算書の基本構造

まず,損益計算書の構造を簡単に説明します。

図表12は,個別ベースの損益計算書の基本構造です。

図表12　損益計算書の基本構造

売上高	……………　①
売上原価	
売上総利益	……………　②
販売費および一般管理費	
営業利益	……………　③
営業外収益	
営業外費用	
経常利益	……………　④
特別利益	
特別損失	
税引前当期純利益	……………　⑤
法人税,住民税および事業税	
当期純利益	……………　⑥

　図表12では売上高などに①から⑥番までの番号を付けてありますが,これらの番号は,以下の解説での項目の番号と同じです。

① 売　上　高

売上高は製品，商品やサービスなどを外部に提供することにより生じる収益です。サービス提供の場合には収入高と呼んだり，建設業では完成工事高と呼ぶなど，業種によって名称が違うことがあります。

売上高は利益の主な源泉です。売上高の大小が，まず，利益額の大枠を決めます。利益水増しの粉飾において，もっとも単純な手口は売上高を水増しするものです。

② 売上原価と売上総利益

売上高から売上原価を引いた残りを売上総利益といいます。売上総利益は俗にいう粗利益のことで，売上総利益を売上高で割って計算される利益率を売上高売上総利益率（粗利益率），あるいは簡単に売上総利益率といいます。売上高が多くても，売上総利益率が低いと売上総利益が少なくおさえられますので，売上高とともに大切なのは売上総利益率です。

売上総利益の大きさを左右する売上原価は，当年度中の売上高に係る製品，商品，サービスなどの原価です。製品・商品の売上原価は，

期首製品（または商品）棚卸高＋当期製造原価（または当期商品仕入高）－期末製品（または商品）棚卸高

で計算されます。棚卸高とは製品や商品などの在庫高のことをいいます。

売上原価の主要素は当期中の製品の製造原価や商品の仕入高ですが，在庫の増減も大きく影響します。期首の在庫高に比べ期末の在庫高の方が多い場合（在庫が増えた場合）には上の計算式からわかるように，売上原価が在庫の増加分だけ少なくなりますし，在庫が減少した場合には，売上原価が増加します。

期末の棚卸高を水増ししますと，売上原価がその分だけ少なくなりますので，売上総利益が増えます。この原理を利用して，棚卸資産が利益水増しの粉飾に利用されることが多いのです。

③　販売費および一般管理費と営業利益

　売上総利益から販売費および一般管理費を控除した残りが営業利益です。販売費および一般管理費はいわゆる経費のことであり，省略して販管費と呼ばれています。本書でも略称で販管費と呼ぶことにします。販管費が多いと利益が減りますので，これも利益の大きさを決める大切な要素です。

　販管費を実際より少なく計上するのも粉飾の常套手段の一つになっています。

④　営業外収益・営業外費用と経常利益

　営業外収益は，受取利息配当金，有価証券売却益等であり，営業外費用は支払利息，有価証券売却損，有価証券評価損などで，主に財務取引から生じた財務収益・費用です。公認会計士などの監査を受ける業務のない一般の企業では雑収益などを架空計上したり，過大に計上する粉飾も多くみられます。

　営業利益に営業外収益を加え，営業外費用を控除した残りが経常利益です。その年度だけの特別な臨時損益や，前年度損益の修正などは，次の特別損益の区分に計上されますので，経常利益は，正常状態での経常的な利益を示すものとして，わが国では経常利益が重要視されることが多いのですが，米国会計基準や国際会計基準（IFRS）では，経常利益の区分を設けていません。最近は，上場会社では米国会計基準や国際会計基準を採用するところが増えていますので，上場会社については営業

利益が重視されることが多くなったようです。

⑤　特別利益・特別損失と税引前当期純利益

　特別利益・特別損失には，固定資産売却益や売却損，災害損失などの臨時損益と前期損益修正などの非経常的な損益が計上されます。経常利益に特別利益を足して，特別損失を控除した残りが税引前当期純利益です。

　経常利益をよく見せるために，経常的な費用を特別損失に計上する粉飾などがあります。

⑥　法人税，住民税および事業税と当期純利益

　税引前当期純利益から法人税，住民税および事業税を控除した残りが当期純利益です。税効果会計制度を採用している企業では，法人税等を控除した後に，法人税等調整額を加減した残りが当期純利益になります。

　法人税等調整額は税効果会計に基づく調整額ですが，やや複雑ですのでここでは取り上げません。調整額とだけ理解しておいて下さい。

　この利益は企業が自由に処分できる最終利益であり，当期純利益を売上高で割って計算される当期純利益率が少なくとも3％程度以上であることが望ましいのですが2％前後か，それ以下の企業も多いようです。チェックリストで"著しく低い利益率"を問題にしている場合の，著しく低い利益率としては，筆者は，当期純利益率が0.5パーセント程度以下の場合を指すことにしています。

ⅱ）損益計算書の分析ツール

　損益計算書の分析に使用する財務比率などは下記のとおりです。

○ 前年度比売上高増減比率：売上高の伸び率を調べます。

$$\{(当期売上高－前期売上高)\div 前期売上高\}\times 100\%$$

○ 売上高各種利益率：売上高に比して各種利益が多いか少ないかを調べます。一般的に広く用いられている利益率です。

$$(売上高)売上総利益率＝(売上総利益\div 売上高)\times 100\%$$
$$(売上高)経常利益率＝(経常利益\div 売上高)\times 100\%$$
$$(売上高)当期純利益率＝(当期純利益\div 売上高)\times 100\%$$

○ 売上高販管費率：売上高に比して販管費が多いか少ないかを調べます。

$$(売上高)販管比率＝(販売費および一般管理費\div 売上高)\times 100\%$$

○ 総資産各種利益率：総資産に比して各種利益が多いか少ないかを調べます。売上高各種利益率とともに一般的に広く用いられている利益率です。

$$総資産経常利益率＝(経常利益\div 総資産)\times 100\%$$
$$総資産当期純利益率＝(当期純利益\div 総資産)\times 100\%$$

○ 自己資本当期純利益率：純資産に比して当期純利益が多いか少ないかを調べます。株主のための指標として重視され，少なくとも8％以上が必要とされていますが，財務安全性を無視して，自己資本比率を低くすることでこの利益率が上がりますので，一般的には使いにくい指標です。

自己資本当期純利益率＝(当期純利益÷純資産(自己資本))
×100%

○　借入金支払利子率：借入金の調達利子率を調べます。

借入金支払利子率＝(支払利息÷借入金合計)×100%

(2)　貸借対照表について

ⅰ）貸借対照表の基本構造

①　中小企業の会計に関する基本要領による様式

　貸借対照表には，資産を左側に負債と純資産を右側に並べて記載する勘定式の様式のものと，縦に一列に，資産，負債，純資産を並べる報告式の様式のものがあります。

　図表13は，日本公認会計士協会や日本税理士会連合会などが策定した中小企業の会計に関する基本要領による貸借対照表の様式であり，勘定式のものです。上場会社などが，有価証券報告書や決算短信などに掲載する貸借対照表は報告書の様式によっています。縦２列か縦１列かだけの違いであって，基本的な構造や中身は，勘定式，報告式とも同じです。

　本書の読者には未上場の中小企業の決算書をご覧になる方が多いと考えられますので，中小企業用に作られた様式を紹介したものです。図表13の中小企業の会計に関する基本要領による貸借対照表も，上場会社などが有価証券報告書に記載する個別の貸借対照表とでは，勘定式と報告式の違いがありますが，内容は基本的には同じものです。図表13の様式は，連結ではない個別の貸借対照表の様式ですが，連結特有の科目を除

きますと,両者に基本的な違いがありませんので,個別の知識があれば,連結決算書を読むのにそれほどの支障はないと考えます。連結特有の科目につきましては,必要個所で解説します。

図表13　勘定式貸借対照表の例

貸借対照表（平成××年×月×日現在）			
資産の部		負債の部	
流動資産		流動負債	
現金及び預金	×××	支払手形	×××
受取手形	×××	買掛金	×××
売掛金	×××	短期借入金	×××
有価証券	×××	未払金	×××
商品及び製品	×××	リース債務	×××
短期貸付金	×××	未払法人税等	×××
前払費用	×××	賞与引当金	×××
繰越税金資産	×××	繰越税金負債	×××
その他	×××	その他	×××
貸倒引当金	△××	流動負債合計	×××
流動資産合計	×××	固定負債	
固定資産		社債	×××
（有形固定資産）	×××	長期借入金	×××
建物	×××	リース債務	×××
構築物	×××	退職給付引当金	×××
機械及び装置	×××	繰越税金負債	×××
工具,器具及び備品	×××	その他	×××
リース資産	×××	固定負債合計	×××
土地	×××	負債合計	×××
建設仮勘定	×××	純資産の部	
その他	×××	株主資本	
（無形固定資産）		資本金	×××
ソフトウエア	×××	資本剰余金	
のれん	×××	資本準備金	×××
その他	×××	その他資本剰余金	×××
（投資その他の資産）		資本剰余金合計	×××
関係会社株式	×××	利益剰余金	

投資有価証券	×××	利益準備金	×××
出資金	×××	その他利益剰余金	
長期貸付金	×××	××積立金	×××
長期前払費用	×××	繰越利益剰余金	×××
繰越税金資産	×××	利益剰余金合計	×××
その他	×××	自己株式	△×××
貸倒引当金	△××	株主資本合計	×××
固定資産合計	×××	評価・換算差額等	
繰延資産	×××	その他有価証券評価差額	×××
		評価換算差額等合計	×××
		新株予約権	×××
		純資産合計	×××
資産合計	×××	負債・純資産合計	×××

② 左側は資金運用の部

　勘定式の貸借対照表では左側（報告式では一番上の区分）が資産の部で，資産の運用状態を示します。資産の部は流動資産と固定資産に2区分され，流動資産，固定資産の順に記載されています。

〈流動資産〉

　流動資産には現金預金，市場性ある有価証券で一時的所有のもの，取引先との通常の商取引によって生じた受取手形，売掛金等の債権や商品，製品，原材料などの棚卸資産および期限が1年以内に到来する債権などがあります。

〈固定資産〉

　固定資産は，有形固定資産，無形固定資産，投資その他の資産に3区分されています。

　有形固定資産は，建物，機械装置車両運搬具，工具器具備品，土地などであり，ソフトウエア，営業権，特許権，商標権などは無形固定資産に記載されます。

子会社株式や流動資産に属しない有価証券，出資金，長期貸付金などは投資その他の資産に記載されます。

流動資産，固定資産のほかに繰延資産が計上される場合がありますが，本書では，繰延資産については触れないことにします。繰延資産を計上している企業は多くはないし，金額も僅少のケースが多いので，これを無視しても大した支障はないと考えます。

流動資産，固定資産，繰延資産の合計を総資産といいます。

③　右側は資金調達の部

勘定式の貸借対照表の右側（報告式では資産の部の下側）には，資金の調達額が負債と純資産の別に，負債，純資産の順に記載されています。

負債はさらに流動負債と固定負債に分類されており，流動負債，固定負債の順に記載されています。

〈流動負債〉

取引先との通常の商取引によって生じた支払手形や買掛金などの債務および期限が1年以内に到来する債務や1年以内に使用される見込みの引当金などは流動負債に記載されています。

〈固定負債〉

社債，長期借入金など流動負債以外の債務は固定負債に記載されています。

〈純資産〉

純資産は，株主資本，評価・換算差額等と新株予約権に分類されています。株主資本は株主からの払込資本である資本金，資本剰余金と利益の内部留保額である利益剰余金で構成されています。

自己株式は，会社が保有する会社自身の株式のことです。自己株式を資産の部に計上する方法もありますが，わが国の規則では，純資産から

控除する形で表示することになっています。

　評価・換算差額等は時価会計制度の採用に伴い必要になった区分であり，下記のとおり純資産の部の株主資本区分の後に記載されています。さらにその下に，新株予約権が続いて，純資産の合計が計算される構造になっています。

　評価・換算差額等区分のその他有価証券とは，売買目的以外の有価証券，満期保有目的の債権，子会社株式，関連会社以外の有価証券をいいます。時価主義の採用により，時価が帳簿価額を上回りますとこれらの有価証券にも評価益が計上されますが，この評価益は損益計算書の収益に計上されることなく直接資本の部に計上されることになったものです。

　連結貸借対照表では，その他有価証券評価差額金のほかに為替換算調整勘定が記載されます。為替換算調整勘定とは，第一編の東芝のケースで説明しましたとおり，在外子会社等への出資金などは出資時の為替相場で貸借対照表に計上されていますが，毎年の連結決算においては，子会社等の資産負債は決算時の為替相場で連結決算書に計上されます。その際生じる差額を純資産の部に為替換算調整勘定として計上されるもので，その時々の為替相場によりプラスになったりマイナスになったりします。

　これら差額金は，将来，時価が低下すればはげ落ちる危険性のあるあまり頼りにならない利益ですので，慎重に評価する必要があります。

　連結貸借対照表では，新株予約権の後に少数株主持分が記載されています。少数株主とは連結子会社での親会社以外の株主のことです。

　株主資本に評価・換算差額金等を加えた合計を自己資本といいます。

　少数株主持分は，親会社の株主から見ると，自己資本ではありませんが，株主以外の利害関係者から見ると親会社の株主も，子会社の少数株主も連結グループの株主には違いがないので，あえて区別をする必要が

ないと思います。したがって自己資本比率などの計算には，本書では純資産を総資産で割って求めることにしています。

④　引当金について

図表13の様式では，資産の部に貸倒引当金，流動負債の部には賞与引当金，固定負債の部には退職給付引当金などが記載されています。

資産の部の貸倒引当金は，貸倒見込額のことです。債権について回収が不能になると貸し倒れとして，債権残高から控除する必要があります。債権は，まだ貸し倒れになっていなくても，貸し倒れになるリスクがあります。例えば，売掛金について，過去の経験などから残高の1％程度は貸し倒れになることが予想される場合には，そのことを貸借対照表の読者に伝えておくことが望まれます。しかし，まだ，貸し倒れになったわけではありませんので，売掛金から控除するわけには行きません。そこで，例えば売掛金についての貸倒引当金なら，貸倒見込額を売掛金の下に△印（マイナス記号）を付けて表示して，売掛金の残高は×××円ですが，×××円程度は貸倒れになる可能性があるので，×××円を控除した金額が実際に回収できる見込み金額であることを知らせます。流動資産や固定資産の合計額では貸倒引当金を控除した金額を記載します。

売掛金	×××
貸倒引当金	△×××
売掛金（純額）	×××

図表13の様式では，流動資産や固定資産の最後に貸倒引当金が記載されていますが，貸倒引当金は売掛金だけでなく貸付金などのほかの債権にも計上されることがありますので，貸倒引当金を一まとめにして，流動資産や固定資産の最下行に合計額を記載することも認められており，様式では一括記載の様式になっているのです。この種の引当金は評価性

引当金と呼ばれています。

これに対して負債に計上される賞与引当金などは、将来の特定の費用または損失であって、その発生が当期以前の事象に起因し、発生の可能性が高く、かつ、その金額を合理的に見積もることができる場合には、当期の負担に属する金額を当期の費用または損失として引当金に繰入れ、当該引当金の残高を負債の部に記載することになっているものです。

ⅱ）貸借対照表の分析ツール

本書で使用する財務比率等を以下に紹介します。自己資本比率と借入金依存度については第一編の1　決算書の見方で詳述していますので、ここでは省略します。

① 回転期間
〈回転期間の本質〉
　資産は過大に保有するのは効率が悪いし、資産保有に伴う費用やリスクが増えます。過少では事業遂行に支障をきたしますので、適正額を保有するのが経営の王道です。

　資産残高が規模などから見て過大か適正かあるいは過少かを判定するには尺度が必要です。尺度には売上高が利用されることが多く、資産を売上高で割って計算される回転期間を利用するのが効果的です。この場合、売上高を企業の規模や事業活動を表わす尺度と見て、売上高に比して資産が多いか少ないかにより、過大か過少かを判定するのです。

　資産の回転期間は資産残高が売上高の何日分、あるいは何か月分に当たるかを示すものであり、回転期間が長いか、短いかで効率性を測定するのです。

利益を粉飾すると貸借対照表では資産が膨らむか，負債が過少に表示されるかのいずれかになります。粉飾の調査では，資産については回転期間の上昇を，負債については短縮に注意すればよいことになります。

〈回転期間の計算法〉

年次決算書の数値を使って回転期間を計算するのは，下記の式によります。

　　（資産・負債残高÷売上高）×1年　　　…………年単位の場合
　　（資産・負債残高÷売上高）×12月　　…………月単位の場合
　　（資産・負債残高÷売上高）×365日　 …………日単位の場合

四半期決算書の四半期売上高による場合には，91日または3か月をかけて計算します。

〈適正回転期間について〉

回転期間を利用する場合には，資産や負債ごとの適正回転期間を知る必要があります。適正回転期間と比べて長いか，短いかにより評価をするのです。適正回転期間は業界や業種での平均的な回転期間を用いることが多いのです。

できるだけ多くの業種のできるだけ多くの企業の分析を行って，経験的に適正回転期間を脳裏に叩き込むことが望まれます。

〈項目別回転期間の特徴と注意事項〉

・売上債権：売上代金の平均回収期間を示します。売上債権水増しの粉飾や不良債権の探索にも効果的です。

　　　　　　割引手形や裏書譲渡手形は，受取手形から控除されて貸借対照表に表示されていますが，不渡りになれば買い戻す義務を負いますので，リスク面からは，所有している受取手形とは変わりありません。したがって，売上債権回転期間

の計算においては売上債権に加えて計算する必要があります。

この場合には，分母の総資産にも割引手形などを加えなければなりません。

割引手形や裏書譲渡手形の残高は，貸借対照表には注記されていますが，公認会計士などの監査を受ける義務のない一般の企業では注記などしていない企業も多いので，無視せざるを得ないことが多いと思われます。

・棚卸資産：製商品の場合には平均的在庫期間を示しますが，厳密な在庫期間を計算するには，分母に売上原価や製造原価を採用する必要があります。売上高で計算した回転期間でも，売上原価率などで調整することによっておおよその在庫期間を知ることができますし，在庫期間が伸びたか短縮したかなどを調べるのに効果があります。粉飾による水増しの調査にも効果的です。

販売好調時には補充が間に合わず在庫が減少したり，販売不振時には在庫が増えるなど，売上高と逆相関になることもありますので，注意が必要です。

・固定資産：設備投資などでは投資直後には回転期間が上昇しますが，やがて投資の効果がでて売上高が増えるので適正回転期間に戻ります。いつまでも適正値に戻らない場合は，投資が失敗であったか，予定していたほどの効果が得られなかったことが推察されます。

・総 資 産：多くの資産が粉飾で水増しされている場合，個々の資産では水増し額が小さいために回転期間では発見できない場合でも，資産合計ではまとまった金額になって，回転期間の

上昇から粉飾を推察できることがあります。また，全体的に資産が過剰傾向にあるときの調査に効果的です。
・負債項目：負債の粉飾は負債隠しによるので，回転期間が短縮します。合理化による負債削減と粉飾による負債隠しとの区別がつけにくいので，発見が困難なケースが多いのです。資産では粉飾を繰り返すと水増しが累増するので，発見が比較的容易なことが多いのですが，負債の場合，隠された負債の金額など外見には現れないので，発見が困難なことが多いのです。

② 流動比率

流動資産と流動負債の比率を流動比率と呼び，下記の計算式で計算します。

流動比率＝（流動資産÷流動負債）×100％

流動負債は，1年内に支払期日が到来する負債と，営業関係の債務で構成されています。営業関係の債務には長期のものも含まれている可能性もありますが，比較的短期のものが多いので，流動負債の金額は当面の要支払金額を示します。流動負債の支払財源は手許に保有する現金預金と，売上債権など比較的短期間に資金化する流動資産です。流動資産が流動負債より多いと当面の支払いには支障がないと判断できます。ただし，資産が資金化して支払いに利用できる時期と負債の支払時期とが一致するとは限りません。それでも，流動資産が流動負債の2倍もあれば，資金化のタイミングにずれがあっても，支払いには支障が生じないと考えられるので，流動比率は200％以上が望ましいとされています。

流動比率は短期の支払能力を見る指標として重要視されていますが，

わが国では流動比率が200％以上の企業などまれです。120％前後の会社が多いし，100％以下の企業も多いのです。これは，わが国では，短期借入金を期日ごとに借り換えることで，長期借入金同様に利用する企業が多いことに原因があると考えられます。このような企業につきましては，短期借入金を流動負債から除外して，流動比率を計算する必要があります。

短期借入金は期日ごとに借り換えられるとは限りません。企業の業績が悪化した場合など，金融機関は貸し倒れを心配して，借り換えには応じてくれないことが起こります。借り換えができないと，資金繰りが破綻して倒産する危険性が大きくなります。

一般論として，業績が順調な時には金融機関は喜んで融資をしてくれるのですが，業績が悪化すると貸し渋るようになりますので，資金繰りの予想には，業績の予想が重要になります。業績が順調なら，借入金依存度が特に高い場合を除いて，当面の資金繰りは安泰と考えてよい場合が多いと思います。

業績が順調な場合には，短期借入金を長期借入金同様に利用できますが，業績が悪化するなどしますと，負債の返済につまり資金繰りが破綻する危険性を抱えていますので，やはり流動比率は資金繰りには重要な指標になります。

流動比率につきましては，流動資産が粉飾で水増しされている場合や，放漫経営で過剰資産が多い場合などにも，流動比率が高くなりますので，この比率が高いからと言って，一概に資金繰りが順調とは判断できません。

③　固　定　比　率

固定比率は下記のとおり固定資産を純資産で割って計算します。

固定比率＝(固定資産÷純資産)×100%

　流動資産と違って固定資産は資金化に長期を要します。したがって，固定資産を借入金などの負債で調達していますと，支払期日が来ても資金化ができずに支払資金の調達ができないことが起こります。そこで，固定資産は原則として純資産の範囲内に収めるべきとするのがこの比率の趣旨であり，固定比率は100%以内であることが求められます。

④　固定長期適合率
　固定資産への投資額を純資産の範囲内に抑えると，必要な投資ができずに，せっかくのビジネスチャンスに乗れなかったり，競争に落伍することなどが起こる可能性があります。そこで，資金の調達範囲を純資産のほかに，支払期日が長い固定負債に拡げて，固定資産が長期資金（固定負債＋純資産）の範囲内ならOKとするのが固定長期適合率であり，次の計算式で計算されます。この比率も100%以下であることが要求されます。

固定長期適合率＝{固定資産÷(固定負債＋純資産)}×100%

3 江守グループホールディングスのケーススタディ

(1) 江守について

ケーススタディとして，2015年4月30日に東京地裁に民事再生手続開始の申立てを行って倒産した江守グループホールディングス株式会社のケースを取り上げます。

江守グループホールディングス株式会社（以下，江守といいます）は，1906年3月に福井市で開業した「江守薬店」に端を発しています。1958年5月には化学薬品，工業薬品，染料および塗料等の販売を目的として法人化し，株式会社江守商店としてスタートしました。

1970年11月には商号を江守商事株式会社に変更しました。

1998年2月には日本証券業協会に株式を店頭登録，08年12月にはジャスダックに上場，09年4月には東京証券取引所第二部に上場し，翌10年3月には同取引所第一部に指定されました。14年4月には，江守グループホールディングス株式会社に商号を変更し，持株会社に移行しました。

倒産直前の2015年3月期の第2四半期においても，6か月間で1,320億円の売上高，1,486百万円の経常利益と984百万円の当期純利益を計上して，一株当たり20円の配当を実施しています。15年3月期の通期売上高を2,330億円，経常利益を2,250百万円，当期純利益を1,400百万円と予想し，38円の配当を予定していました。

2015年2月6日に，中国の連結子会社で，販売先に対する売上債権について取引信用保険が受けられなくなったため，15年3月期第3四半期

に6億円の貸倒引当金を積み増すことを発表しました。同時に，中国子会社における売掛金の回収可能性に疑義が生じたため，追加調査が必要になり，15年3月期第3四半期の決算発表が1か月遅れることを発表，その後，売上の実在性・妥当性にも疑義が生じたため調査を進めていることが報告されています。

　2015年3月16日には，遅れていた15年3月期第3四半期の四半期報告書を開示しました。その概要は，462億円の貸倒引当金繰入損を特別損失に計上した結果440億円の純損失になり，234億円の債務超過に転落したとするものでした。

　2015年4月30日に東京地裁に民事再生手続開始の申立てを行い翌5月1日には開始決定がなされ，上場も廃止になりました。

(2) 個別決算書の調査

ⅰ) 調 査 要 領

　図表14は江守の2008年3月期から14年3月期までの江守の個別要約損益計算書と同貸借対照表を左から右に年度順に並べた表です。主な項目には項目ごとの金額の下に回転期間などの財務比率を記載してあります。

図表14　江守グループHD（個別）要約決算書推移表　（単位：百万円）

	08／3	09／3	10／3	11／3	12／3	13／3	14／3
(損益計算書) 売上高 　売上高指数	54,858	50,203	43,110	53,166	57,081	53,820	51,263
売上総利益 　利益率（％）	4,233 7.72	4,058 8.08	4,042 9.38	4,558 8.57	4,513 7.91	3,817 7.09	3,802 7.42
販売管理費	2,853	2,776	2,717	3,073	3,261	3,078	3,208

経費率（％）	5.20	5.53	6.30	5.78	5.71	5.72	6.26
営業利益	1,380	1,282	1,325	1,485	1,252	739	594
利益率（％）	2.52	2.55	3.07	2.79	2.19	1.37	1.16
経常利益	1,511	1,341	1,564	1,771	1,592	1,355	2,293
税前純利益	1,483	1,182	1,450	1,779	1,566	1,359	2,239
当期純利益	896	778	854	1,008	962	1,002	1,728
（貸借対照表）							
現金預金	1,322	1,190	1,271	1,287	1,237	1,521	1,737
売上債権	17,199	11,949	13,604	17,693	20,145	17,640	15,906
回転期間（月）	3.76	2.86	3.79	3.99	4.24	3.93	3.72
棚卸資産	1,828	1,386	1,540	1,879	2,057	1,608	2,295
回転期間（月）	0.40	0.33	0.43	0.42	0.43	0.36	0.54
その他	700	522	526	729	1,026	1,310	2,144
流動資産合計	21,049	15,047	16,941	21,588	24,465	22,079	22,082
回転期間（月）	4.61	3.60	4.72	4.87	5.14	4.92	5.17
有形固定資産	3,588	3,649	3,527	3,402	3,404	3,358	3,354
回転期間（月）	0.79	0.87	0.98	0.77	0.72	0.75	0.79
無形固定資産	77	181	163	128	228	455	670
投資その他の資産	5,158	4,704	7,594	10,780	12,963	14,621	25,498
固定資産合計	8,823	8,534	11,284	14,310	16,595	18,434	29,522
回転期間（月）	1.93	2.04	3.14	3.23	3.49	4.11	6.91
資産合計	29,872	23,580	28,226	35,898	41,059	40,514	51,605
回転期間（月）	6.54	5.64	7.86	8.10	8.63	9.03	12.08
仕入債務	11,086	6,902	8,909	10,643	11,306	9,912	8,779
回転期間（月）	2.43	1.65	2.48	2.40	2.38	2.21	2.06
短期借入金	7,182	6,295	8,122	7,794	9,560	8,156	13,004
その他	963	623	881	840	773	521	760
流動負債合計	19,231	13,820	17,912	19,277	21,639	18,589	22,543
長期借入金	2,566	2,091	1,616	6,827	9,032	10,676	13,287
その他	838	487	635	746	672	754	1,367
固定負債合計	3,404	2,578	2,251	7,573	9,704	11,430	14,654
負債合計	22,635	16,398	20,162	26,850	31,343	30,019	37,197

回転期間（月）	4.95	3.92	5.61	6.06	6.59	6.69	8.71
純資産合計	7,236	7,182	8,063	9,048	9,717	10,495	14,407
自己資本比率（％）	24.22	30.46	28.57	25.20	23.67	25.91	27.92
負債純資産合計	29,872	23,580	28,226	35,898	41,059	40,514	51,605
借入金合計	9,748	8,386	9,738	14,621	18,592	18,832	26,291
受取配当金	213	131	262	322	387	656	1,728
支払利息	77	92	66	64	73	76	75
銀行取引についての保証	716	1,900	3,786	6,625	11,517	22,963	27,932
従業員数	267	268	264	275	263	218	228
流動比率（％）	109.5	108.9	94.6	112.0	113.1	118.8	98.0
固定比率（％）	121.9	118.8	139.9	158.2	170.8	175.6	204.9
固定長期適合率（％）	82.9	87.4	109.4	86.1	85.4	84.1	101.6
借入金依存度（％）	32.63	35.56	34.50	40.73	45.28	46.48	50.75
借入金支払利子率(％)	0.79	1.10	0.68	0.44	0.39	0.40	0.29
改訂借入金依存度(％)	34.21	40.37	42.25	49.96	57.27	65.84	68.17
改訂自己資本比率(％)	23.66	28.19	25.19	21.28	18.48	16.53	18.11
改訂総資産回転期間(月)	6.69	6.09	8.91	9.60	11.05	14.15	18.62

　江守では連結決算書を発表していますが，個別の決算書を選んだのは，本書の読者には，未上場で，個別の決算書しか作成していない一般の企業の決算書に接する人が多いことを想定したものです。

　未上場の中小企業でも，子会社を所有してグループ経営を行っている企業も多いのですが，連結決算書など公表していません。このような企業については，個別の決算書でグループの業績などを類推する必要があります。個別の決算書でどの程度までグループの業績などを読み取れるかが問題になりますので，まず江守の単体の決算書で評価を行い，次に連結決算書による分析も行って，両者を比較して個別の決算書による分析の効果を確かめます。

ii) 概観テスト

① 安全性のテスト

　自己資本比率は23％から30％の間で上下していて、安全水準の30％にはいま一歩というところにあります。安全とはいえませんが、それほど心配する必要はないというレベルです。

　しかし、江守では、子会社など関係会社に対する債務保証が年々増加していて、14年3月期末には279億円に達しています。関係会社に対する債務保証は、関係会社に信用がなくて独自では資金調達できないので、親会社が金融機関に、関係会社などのために保証書を差し入れて、関係会社が直接金融機関から融資を受けられるようにするためのものです。

　普通なら、親会社が金融機関から資金を借りて、関係会社に貸し付けますので、親会社では、負債の部で借入金、資産の部で貸付金の両方が膨らみます。保証により関係会社に直接資金調達させる方法だと、親会社は借入金を増やす必要がないし、貸付金も増やさないですみます。

　しかし、親会社のリスクの面から見ると、どちらの方法もリスクの大きさは全く同じですので、親会社の財務安全性のテストに際しては、資産合計額に保証額を貸付金として加算して自己資本比率を計算すべきです。保証を加えて計算した自己資本比率を改訂自己資本比率などと呼ぶことにしますと、2014年3月期における改訂自己資本比率は

　　{純資産14,407百万円÷(資産合計51,604百万円
　　＋保証残高27,932百万円)}×100％＝18.11％

18.11％になります。

　江守では、資産の大部分が高リスク資産である売上債権、棚卸資産と投資有価証券や子会社株式であり、通常の会社よりもリスクが高いので、

安全性は厳しく見る必要があります。

　また，借入金依存度につきましても，総資産と借入金の双方にそれぞれ保証残高279億円を足して計算するべきです。保証を加えて計算した2014年3月期末の改訂借入金依存度は

$$\{(借入金残高26,291百万円＋保証残高27,932百万円) \div (資産合計51,604百万円＋保証残高27,932百万円)\} \times 100\% = 68.17\%$$

68.17％になり，資金繰りでも破綻状態にあります。

　なお，図表14には，自己資本比率などと共に改訂自己資本比率なども記載してあります。

　以上から，決算書の数値による改訂前自己資本比率は安全水準に近い数値であり，危険性はそれほど高くはないと判断されますが，改訂値では，2014年3月期には危険状態になったと評価されます。

②　収益性のテスト

　総資産当期純利益率が3％前後であり，やや低めの利益率ですが，総資産に保証を加えた改訂利益率ではさらに低くなりますが，それでもまだ著しく低いとはいえない水準にとどまっています。

　収益性は特に問題にする必要はないと考えられます。

③　成長性のテスト

　2012年3月期をピークにして売上高は下降傾向にあります。従業員数も減少傾向です。他方，総資産は急速に増加していて，リスクだけが膨らんで，成長が止まっている感じです。

　個別の数字を見る限りでは，成長が止まって停滞していると見るべき

です。

　ただ，江守ではグループ経営に注力していて，国内のみならず中国やシンガポールなど各国に子会社を持って，連結の業績を伸ばしています。江守はグループの中枢として連結経営の指揮をとっていて，その成果は子会社からの受取配当金の増加となって表れていますので，個別の営業成績だけで停滞状態にあるとは判断できません。

④　効率性のテスト

　総資産回転期間が2008年３月期には6.54か月，09年３月期には5.64か月であったものが，毎年度上昇を続け14年３月期には12.08か月に達しています。もともと著しく低かったので，回転期間が２倍以上に上昇しても，過大水準にはまだ余裕があります。

　回転期間を構成要素別に見ますと，売上債権はやや高いのですが，現金・預金，棚卸資産，有形固定資産などは著しく低い水準が続いていて，取引の実体を備えた事業活動を行っているのかが疑われるほどです。

　総資産回転期間上昇の原因は，投資その他の資産にあるのですが，投資その他の資産の増加は，主に関係会社株式と関係会社出資金の増加によるものです。この両者の合計が09年３月期には16億円であったものが，14年３月期には205億円になっています。売上高は08年３月期の548億円に対して14年３月期には513億円に低下しています。

　関係会社に対する投資額が増え続けていますのは，関係会社が増えているか，関係会社での事業活動が活発になっている場合と，関係会社での損失や遊休資産などが膨らみ続けている場合の２通りのケースが考えられます。どちらなのかは親会社の決算書だけではわかりませんが，前者の場合であっても，投資その他の資産の急速な増加具合から見て，リスクの高い事業活動を行っていることが疑われます。

使用資金が大幅に増加していますが，前向きな事業活動に直接関係のある資産への投資が著しく少なく，主に関係会社株式などへの投資と売上債権が増え続けているという不自然なゆがんだ構造になっているのが気になります。総資産回転期間が正常ですが，上昇幅が大きく，しかもリスクの高い項目の増加が回転期間上昇の原因になっていますので，厳しく評価をする必要があります。

⑤　総　　括

保証残高を貸付金と借入金の双方に加えますと，2012年3月期には改訂借入金依存度が危険水準の50％を超えましたし，改訂自己資本比率は10％台に低下しました。13年3月期には改訂総資産回転期間も14か月を超えています。

保証を考慮に入れますと，財務安全性が危険状態になっています。効率性の指標もリスクの増大を示していますし，粉飾の可能性も大であり，これらを総合しますと，江守は遅くとも2013年3月期には危険会社になったと評価すべきです。

ⅲ）チェックリストによる調査

第一編ではチェックリストをパート1とパート2に2分割しましたが，ここで一本にまとめて調査することにします。

一本にまとめるにあたってパート1の最後のポイント⑭，⑮番を最終の⑲，⑳番に移しました。

① 売上高・利益などが業界での傾向や景気変動などと違った動きをしていないか

→　売上高はリーマンショックの10年３月期には大きく低下していますし，12年３月期以降低下が続いていますが，異常というほどの低下ではありません。

　当期純利益は増加傾向が続いていますが，総資産が増えていますので，当期純利益を総資産で割って計算される総資産純利益率は，14年３月期を除いて低下傾向にあります。14年３月期の純利益には1,728百万円の受取配当金が含まれており，高水準の受取配当金が将来も続くかどうかによって評価が違ってきます。

　2014年３月期までのところでは，周囲の環境の動きと大きく食い違うとは言えないので，○印と考えられます。

②　長期にわたっていつも僅かな利益しか計上していないのに，赤字にならない

→　各利益率とも十分とは言えませんが，著しく低いとまでは言えません。概観テストでも触れたとおり，現金預金，棚卸資産，有形固定資産など前向き事業活動に必要な資産が著しく少なく，2014年３月期においては資産の半分近くが関係会社株式や関係会社出資金などへの投資資産です。営業が行われた結果として生じる債権で，営業支援のための金融資産の性格が強いと見られる売上債権を合わせると総資産の80％前後で推移しています。保証を加えるとこの比率はさらに上昇します。

　江守では関係会社に巨額の資金援助をして関係会社に事業を行わせていますが，江守自身は関係会社の事業に介入することはせずに，投融資に対する配当金の受取りに徹している模様です。そのため，連結ベースの売上高は年々猛烈なスピードで上昇しているのに，江守個別

の売上高は横ばいか，低下傾向が続いています。個別の事業では利益率も低下していますが，少ないながらも毎期利益を計上していますし，受取配当金が増えて，経常利益，当期純利益は堅調に推移しています。

　関係会社からの配当金を除いた親会社独自の営業では，利益率の低下が続いているものの，少ないながらも営業利益を出し続けていますし，配当金を合わせるとわずかな利益とは言えませんので，△にしておきます。

　③　3年以上にわたって前年度比売上高が30％以上も上昇していないか

→　江守では売上高は低下傾向にあり，このポイントは○印です。

　④　雑収益，その他の営業外収益が多すぎないか

→　受取配当金の増加が続いており，特に14年3月期における増加が大きいのですが，関係会社に対する投資や保証が大きく増えていることから，関係会社からの配当が増えたことが考えられます。
　したがって，関係会社が本当に儲かっていて配当してくるのであれば，何も問題はありません。関係会社の業績等が不明ですが，一応○印にしておきます。

　⑤　借入金が多いのに現金・預金が多すぎないか

→　現金預金はいつも0.5か月以下しか保有しておらず，このポイントには該当しません。○印です。

⑥　売上債権回転期間が高すぎないか，上昇を続けていないか

→　売上債権回転期間はやや高すぎる感じですが，特に高いというほどでもなく，異常とはいえないようです。○印です。

⑦　棚卸資産回転期間が高すぎないか，上昇を続けていないか

→　棚卸資産回転期間も常時0.5か月以下にとどまっており，異常は見当たりません。○印です。

⑧　営業支援金，貸付金などが多すぎないか，増え続けていないか

→　その他の流動資産が2008年3月期の7億円から14年3月期には21億円に増えています。図表14には内訳が記載されていませんが，その他の流動資産増加は主に前渡金と未収入金の増加によるものです。これらは営業支援金的性格が強いと考えられますので，このポイントは×印です。

⑨　前払費用，仮払金などその他の流動資産が多すぎないか，増え続けていないか

→　特に，異常は見られません。○印です。

⑩　繰延税金資産が多すぎないか。将来の利益で消化できる金額か

→　残高が僅かですし，流動資産のみで，固定資産には計上していないので，特に問題はないと考えられます。○印です。

⑪　有形固定資産回転期間が高すぎないか，上昇を続けていないか。上昇している場合，上昇が売上増につながっているか

→　有形固定資産は残高が30億円台であまり変動がないし，回転期間も１か月以内で，むしろ少な過ぎるほどだし，上昇もしていないので，このポイントは○印です。

⑫　ソフトウエア，のれんなどが急増していないか，増加が売上増につながっているか

→　これらはすべて無形固定資産に属するのですが，無形固定資産全体でも最大の14年３月期でも６億円余りであり，特に多いとは認められません。このポイントも○印です。

⑬　投資有価証券，関係会社株式・貸付金などが多すぎないか，増加し続けていないか

→　投資その他の資産と保証が著しく増えています。これらは関係会社の営業支援目的の投資であり，関係会社の経営が順調に進んでいるかどうかが江守の運命を握っていることになります。
　関係会社等の業績等が不明ですが，該当科目の残高が多すぎますので，×印とします。

⑭　仕入債務回転期間が長すぎたり短すぎたりしないか

→　２か月台で推移していて，特に異常は見つかりません。○印です。

⑮　借入金依存度が高すぎたり（50％程度以上），低すぎることはないか，上昇または低下を続けていないか

→　借入金依存度は上昇傾向が続いていて，2010年３月期に40％台に到達し，14年３月期には危険ラインの50％を超えています。借入金及び総資産の双方に保証残高を加えて計算した改訂借入金依存度では，09年３月期には40％を超えましたし，12年３月期には50％をも超えて危険状態になっています。13年３月期には65.54％になり，倒産状態になっています。×印です。

⑯　未払金などが大幅に減少していないか

→　該当事項がなく，○印です。

⑰　借入金利子率が高すぎないか（４％程度以上）

→　毎年度低い利子率が続いていますし，特に2011年３月期以降は0.5％以下の利子率でさらに低下が続いていますので，○印です。

⑱　長期借入金が減少して短期借入金が増えていないか

→　借入金の増加が著しいのですが，主に長期借入金の増加によるもの

ですので，⑱番は○印です。

⑲　取引相手先について，取引状況に異常が感じられることがないか

⑳　同業者などの間に不穏な噂などが広まっていないか

→　⑲，⑳番ともに情報が得られませんので，チェック不能です。

ⅳ）チェックリスト調査の総括

チェックリストによる調査をまとめると下記のとおりとなります。
①　売上高・利益などが業界での傾向や景気変動などと違った動きをしていないか　　　　　　　　　　　　　　　　　　　　　　　　○
②　長期にわたっていつも僅かな利益しか計上していないのに，赤字にならない　　　　　　　　　　　　　　　　　　　　　　　　　△
③　３年以上にわたって前年度比売上高が30％以上も上昇していないか　　　　　　　　　　　　　　　　　　　　　　　　　　　　○
④　雑収益，その他の営業外収益が多すぎないか　　　　　　　　　○
⑤　借入金が多いのに現金・預金が多すぎないか　　　　　　　　　○
⑥　売上債権回転期間が高すぎないか，上昇を続けていないか　　　○
⑦　棚卸資産回転期間が高すぎないか，上昇を続けていないか　　　○
⑧　営業支援金，貸付金などが多すぎないか，増え続けていないか　×
⑨　前払費用，仮払金などその他の流動資産が多すぎないか，増え続けていないか　　　　　　　　　　　　　　　　　　　　　　　　○
⑩　繰延税金資産が多すぎないか。将来の利益で消化できる金額か　○

⑪　有形固定資産回転期間が高すぎないか，上昇を続けていないか，上昇している場合，上昇が売上増につながっているか　　　　　　○
⑫　ソフトウエア，のれんなどが急増していないか，増加が売上増につながっているか　　　　　　○
⑬　投資有価証券，関係会社株式・貸付金などが多すぎないか，増加し続けていないか　　　　　　×
⑭　仕入債務回転期間が長すぎたり短すぎたりしないか　　　　　　○
⑮　借入金依存度が高すぎたり（50％程度以上），低すぎることはないか，上昇または低下を続けていないか　　　　　　×
⑯　未払金などが大幅に減少していないか　　　　　　○
⑰　借入金利子率が高すぎないか（４％程度以上）　　　　　　○
⑱　長期借入金が減少して短期借入金が増えていないか　　　　　　○
⑲　取引相手先について，取引状況に異常が感じられることがないか　　　　　　－
⑳　同業者などの間に不穏な噂などが広まっていないか　　　　　　－

　②番が△印，⑧，⑬，⑮番が×印です。

　業績では，僅かな利益というほどではありませんが，少な目の利益が長期間続いて，しかも赤字にならない体質が引っ掛かりました。

　資産では貸付金など投資その他の資産，負債では借入金の，いずれも事業に無関係の財務取引関係の科目の残高や動きが異常であり，2012年３月期頃から危険状態に近くなり，13年，14年３月期にはさらに危険度が増して危険ラインを突破しています。

　他のポイントはすべて○印ですので，江守個別では，売上高が低下傾向にあるものの業績は順調だし，財務内容も比較的安定しているのですが，関係会社などへの資金投入が大きく，保証を含めた改訂借入金依存

度が危険状態を超えて上昇していることから，資金繰りが極度に逼迫していることが伺われます。

また，江守個別では，売上高が低下傾向にありますし，2011年3月期以降は売上総利益率が低下を続けていて，事業からの利益は減少が続いているのですが，関係会社からの配当金の増加で，事業での減益を補って当期純利益は増加傾向が続いています。特に，14年3月期には営業利益の約3倍にあたる17億円の配当金を受け取ったために，当期純利益は前年度の10億円から17億円に増えています。

親会社個別の業績は，本業では減益傾向が続いていて，もっぱら関係会社からの配当金で好業績を維持していますので，この業績がグループの本当の実力によるものかどうかを見るためには，関係会社等の業績の実態を知る必要があります。

以上から，財務面においても，業績面においても，関係会社などの情報を含む連結決算書がなければ決定的な評価を下すことができませんが，借入金と関係会社に対する投資その他の資産の増え具合が異常であり，保証債務の増加状態をも加えますと，13年3月期あたりからグループとして資金繰りは極めて危険な状態にあることが個別の決算書からでも読み取れます。

江守では保証債務が大きく膨らんでいて，関係会社への支援の多くを保証により実行しているのですが，保証債務は上場会社ではない一般の会社では開示されないことが多いので，一般のグループ企業では，単体の決算書だけでグループを評価するには限界のあることが推察されます。

しかし，未上場の中小企業では，信用面から大々的に保証制度を利用できるグループなど少ないので，借入金総額と関係会社などに対する投資や融資残高の推移で，グループ全体の業績と財務の動向の概要を評価できることが多いことも考えられます。

ⅴ) 損益計算書詳細調査

概観テストやチェックリストによる調査で問題がないと判断された項目は抜きにして，△印または×印のついた項目について詳細調査を行います。

収益性や損益項目については，チェックリストの②番が△印です。利益率は低すぎるとは言えないものの，事業用資産を十分に持たずに，7年間を通じて大きな変動なく低めの利益を出し続けているのに疑問があるとして△印にしたものです。

図表15は江守の2004年3月期から14年3月期までの売上高，営業利益，経常利益，当期純利益を上から順に並べた表であり，営業利益については，売上高営業利益率も記載してあります。

図表15 江守の個別売上高，各種利益推移表（単位：百万円）

	売上高	営業利益	営業利益率(％)	経常利益	当期純利益
04／3	38,546	887	2.30	945	428
05／3	43,746	1,093	2.50	1,229	542
06／3	46,500	996	2.14	1,108	528
07／3	48,897	963	1.97	1,147	667
08／3	54,858	1,380	2.52	1,511	896
09／3	50,203	1,282	2.55	1,341	778
10／3	43,110	1,325	3.07	1,564	854
11／3	53,166	1,485	2.79	1,771	1,008
12／3	57,081	1,252	2.19	1,592	962
13／3	53,820	739	1.37	1,355	1,002
14／3	51,263	594	1.16	2,293	1,728

図表15によりますと，リーマンショック前年度の2008年3月期までは売上高は毎年度上昇を続けていますし，各種利益も上昇にあります。05年3月期に各種利益が大幅に増加したのは，05年4月に東証第二部に上場したことに関係があったのかもしれません。

2009年3月期以降，成長がとまり，売上高は上下しながら低下傾向が続いていますが，当期純利益は増加傾向が続いています。これは，11年3月期までは営業利益率が上昇傾向にあったため，売上高の低迷にもかかわらず営業利益が増加したためであり，11年3月期以降は受取配当金の増加によるものです。

図表16　投資及び受取配当金推移表　　（単位：百万円）

	投資有価証券	関係会社株式	出資金	関係会社出資金	投資合計	受取配当金	受取配当率
08／3	3,418	1,237	46	348	5,049（5,765）	213	4.22（3.69）
09／3	2,488	1,212	25	858	4,583（6,483）	131	2.89（2.02）
10／3	3,002	1,925	25	2,506	7,458（11,244）	262	3.50（2.32）
11／3	3,302	4,808	25	2,506	10,641（17,266）	322	3.02（1.86）
12／3	3,264	7,016	25	2,506	12,811（24,324）	387	3.02（1.59）
13／3	3,674	8,303	21	2,500	14,498（37,461）	656	4.52（1.75）
14／3	4,800	15,484	21	5,065	25,370（53,302）	1,728	6.81（3.24）

　図表16は2008年3月期以降の投資残高と受取配当金の推移を示した表であり，最右列には受取配当金の投資合計に対する比率（受取配当率）を記載してあります。合計列のカッコ内の数値は保証を加えた改訂投資総額であり，受取配当率列のカッコ内の数値は改訂投資合計による受取配当率です。

　投資の増加は売上増には寄与していませんので，もっぱら配当金を受け取る目的の投資と推察されますが，投資合計に対する受取配当金の比率は13年3月期以降には急速に高まってはいますが，改訂投資合計に対する比率では，14年3月期でも3.24％に過ぎません。投資の効果は1～2年間遅れて実現すると考えれば，14年3月期の受取配当金はまずまずの金額であると評価できますが，今後も受取配当金が増え続けるかを注視する必要があります。

　江守個別での事業活動は停滞状態にあり，減収・減益傾向が続いてい

ますが,関係会社からの配当などで安定した当期純利益を計上し続けています。したがいまして江守の業績には江守独自の収益力とともに関係会社の業績などが問題になります。

vi）貸借対照表詳細調査

　貸借対照表項目ではチェックリスト調査で⑧,⑬,⑮番で×印になっています。いずれも貸付金,投資有価証券,出資金の資産と借入金の財務関連の科目であり,関係会社等に対する資金支出が大きく,それも年度ごとに膨張を続けているのが問題です。

　関係会社などに対する資金供給が大幅に増えているのに,親会社の売上高は減少傾向にあり,関係会社への投入資金の使途に疑問がもたれます。

　借入金依存度が高いうえに,保証残高が大きく膨れ上がっていて,資金繰り破綻企業の姿になっています。これらを総合しますと,関係会社等の業績や財務内容など不明ですが,グループとして資金繰り面で危険状態に近づいていることが危惧されます。

　回転期間などチェックリスト調査などで触れた比率以外の財務比率では,流動比率が100％前後で,14年3月期には100％を切って98％に低下するなど,流動性が低いことを示しています。

　固定比率は常に100％以上で,しかも上昇が続いているため,2014年3月期には200％を超えていますが,固定長期適合率は大部分の年度で80％台であり,14年3月期には101.6％に上昇していますが,それでも100％に近いので,ほぼ健全といえます。

(3) 連結決算書の調査

ⅰ）概観テスト

　図表17は江守の2008年3月期から14年3月期までの連結損益計算書と同貸借対照表の要旨を年度順に左から右の順に並べたものです。
　図表17に基づいて概観テストから始めます。

図表17　江守グループHD（連結）要約決算書推移表　（単位：百万円）

	08／3	09／3	10／3	11／3	12／3	13／3	14／3	15／3
（損益計算書）								
売上高	66,101	65,997	65,918	95,337	116,701	144,675	219,187	224,619
売上高指数		−0.16	−0.12	44.63	22.41	23.97	51.50	2.48
売上総利益	5,613	5,595	5,790	7,077	7,828	8,558	12,797	12,871
利益率（％）	8.49	8.48	8.78	7.42	6.71	5.92	5.84	5.73
販売管理費	3,979	4,148	3,928	4,626	5,123	5,349	7,053	8,487
経費率（％）	6.02	6.29	5.96	4.85	4.39	3.70	3.22	3.78
営業利益	1,634	1,447	1,862	2,451	2,705	3,209	5,743	4,384
利益率（％）	2.47	2.19	2.82	2.57	2.32	2.22	2.62	1.95
経常利益	1,772	1,523	1,832	2,339	2,532	3,006	5,410	3,103
税前純利益	1,743	1,437	1,814	2,369	2,941	3,221	5,391	−53,161
当期純利益	1,043	822	1,021	1,367	1,690	1,919	3,324	−53,620
（貸借対照表）								
現金預金	2,727	1,973	2,656	5,383	6,675	7,407	15,115	8,709
売上債権	18,009	14,376	18,269	24,834	33,738	43,282	68,370	27,277
回転期間（月）	3.27	2.61	3.33	3.13	3.47	3.59	3.74	1.46
棚卸資産	3,811	3,134	2,786	4,271	6,307	7,030	5,964	6,301
回転期間（月）	0.69	0.57	0.51	0.54	0.65	0.58	0.33	0.34
その他	690	550	1,527	3,148	2,559	4,717	2,759	2,109
流動資産合計	25,237	20,033	25,238	37,636	49,279	62,436	92,208	44,396
回転期間（月）	4.58	3.64	4.59	4.74	5.07	5.18	5.05	2.37
有形固定資産	3,897	3,944	4,457	4,326	3,989	4,481	3,764	2,642
回転期間（月）	0.71	0.72	0.81	0.54	0.41	0.37	0.21	0.14
無形固定資産	86	197	323	335	418	637	840	633

第二編　経理の基礎知識がある人の決算書の読み方

投資その他の資産	4,085	3,038	3,364	3,709	3,666	4,110	5,340	8,958
固定資産合計	8,068	7,179	8,144	8,370	8,073	9,228	9,944	12,234
回転期間（月）	1.46	1.31	1.48	1.05	0.83	0.77	0.54	0.65
資産合計	33,304	27,212	33,381	46,005	57,353	71,664	102,152	56,630
回転期間（月）	6.05	4.95	6.08	5.79	5.90	5.94	5.59	3.03
仕入債務	12,642	9,481	10,760	12,753	13,468	17,237	22,276	12,722
回転期間（月）	2.30	1.72	1.96	1.61	1.38	1.43	1.22	0.68
短期借入金	8,039	6,769	9,510	14,073	21,252	25,607	36,771	52,385
その他	1,262	730	2,808	1,560	1,511	2,211	3,450	2,882
流動負債合計	21,943	17,080	23,078	28,380	36,231	45,055	62,497	67,989
長期借入金	2,566	2,091	1,616	6,287	9,353	10,943	14,971	21,304
その他	882	565	820	1,497	949	1,246	2,113	1,601
固定負債合計	3,448	2,656	2,436	7,784	10,302	12,189	17,084	22,905
負債合計	25,391	19,736	24,514	36,165	46,533	57,244	79,581	90,894
回転期間（月）	4.61	3.59	4.46	4.55	4.78	4.75	4.36	4.86
純資産合計	7,914	7,476	8,867	9,841	10,820	14,421	22,571	-34,264
自己資本比率（％）	23.76	27.47	26.56	21.39	18.87	20.12	22.10	-60.51
従業員数	495	517	992	1,073	821	1,002	786	816
借入金合計	10,605	8,960	11,126	20,360	30,605	36,550	51,742	73,689
借入金依存度（％）	31.84	32.93	33.33	44.26	53.36	51.00	50.65	130.13
流動比率（％）	115.0	117.3	109.4	132.6	136.0	138.6	147.5	65.3
固定比率（％）	101.9	96.0	91.8	85.1	74.6	64.0	44.1	-35.7
固定長期適合率（％）	71.0	70.9	72.1	47.5	38.2	34.7	25.1	-107.7

① 安全性のテスト

　自己資本比率は2009年3月期には27.47％になり，安全水準に近付いていたのですが，11年3月期以降の急成長により総資産が増えたために自己資本比率は低下し20％前後の年度が続きました。13年3月期以降は株高と円安の恩恵を受けて，投資有価証券の評価差額金や在外子会社への出資金の為替換算調整勘定などが増加したことと，13年9月に一般公募と第三者割り当てにより20億円弱の増資を行ったことなどで，14年3月期末には22.10％にまで上昇しています。

為替換算調整勘定は連結特有の科目であり，海外の子会社への出資金（関係会社株式，関係会社出資金など）は，出資時の為替レートで円貨に換算されています。連結に際して子会社の資産，負債，純資産は決算時の為替レートで円貨に換算されるための差額が発生しますので，その差額を為替換算調整勘定に計上するものです。為替換算調整勘定は決算日の為替レートが出資時よりも円高になっていればマイナスになります。

　為替換算調整勘定は，決算日の為替レートによりプラスになったり，マイナスになったりしますし，金額も変動します。14年3月期は円安でしたので，為替換算調整勘定は3,846百万円のプラスになっていますが，円高に変われば，場合によってはマイナスになる脆弱なものですので，資産と純資産の両方から控除して計算しますと自己資本比率は18％程度になり，危険状態には至っていませんが安全性は低いと評価せざるを得ません。

　借入金依存度は2012年3月期には50％を超えており，その後も50％台の高い依存度が続いています。グループの借入金のほとんどすべてが親会社の保証に依存していますが，親会社個別の調査で見たとおり，親会社の保証能力は限界に達していることが推察されますので，グループ全体としても，資金繰りは危険な状態にあることが危惧されます。

②　成長性のテスト

　連結売上高は2011年3月期以降大幅に上昇を続けています。これは，個別ベースで10年3月期以降投資その他の資産と子会社に対する債務保証が大きく増加を続けていることと符合します。

　親会社単体の売上高は低下傾向にあったのに，2010年3月期以降子会社への投資と資金支援を増やして，子会社の売上高を増やしたことが推察されます。

第二編　経理の基礎知識がある人の決算書の読み方

　ただ，連結の売上高が3.3倍の1,533億円も増えたのですが，その間における総資産の増加は688億円に過ぎません。総資産増加の主なものは売上債権が501億円，現金預金が125億円，子会社以外の投資有価証券などへの投資が20億円などの財務関連の資産増が主なものです。

　従業員は2010年3月期末の992人が14年3月期末には206人減って786人になっていますし，事業活動に必要な実体資産には，現金預金増に125億円，棚卸資産増に31億円投入されただけで，有形固定資産を逆に7億円減少しているなど，どのようにして売上高を1,533億円も増やしたのかに疑問がもたれます。

　総資産増の688億円の73％は売上債権が501億円増加したことによるものであることから，子会社では販売先への資金支援を餌にして売上高を増やした疑いがもたれます。

　結局，大幅に増えた売上債権の回収可能性が江守グループの収益性のカギを握っていることになります。

③　収益性のテスト

　2011年3月期以降，連結売上高が大幅に伸びて，14年3月期には10年3月期の3.3倍に増えています。売上総利益率は10年3月期の8.78％が年々低下していて14年3月期には5.84％になっていますが，それでも増収の効果により，売上総利益以下すべての段階の利益が増加を続けています。特に14年3月期には大きく増えたため，10年3月期と比べ14年3月期には，当期純利益も3.3倍の33億円に増えています。

　2014年3月期における売上高当期純利益率は1.51％と低いのですが，江守の連結ベースの総資産は売上高の46.6％に過ぎず，極めて少なくてすんでいますので，総資産当期純利益率は3.25％であり，まずまずの水準になっています。

以上から，江守の連結ベースの収益力は，売上高の規模から見ると低すぎますが，使用資金の大きさをしめす総資産の金額から見ますと標準的であり，総合しますと，まずまずの状態であると評価できます。

　④　効率性のテスト
　江守では連結売上高を2010年3月期から14年3月期までの4年間に3.3倍も増やしたのですが，総資産は688億円しか増えていませんので，総資産回転期間は10年3月期末の6.08か月が14年3月期末には5.59か月に，0.49か月減少しています。総資産回転期間が著しく低かった09年3月期の4.95か月と比べても1.13か月の増加にすぎません。
　③の成長性のテストでも触れたとおり，総資産回転期間が低すぎて，実体を伴った事業活動ができているのかどうかに疑問がもたれるのですが，効率性の面からは，特に異常はないと判断するしかありません。

　⑤　総　　括
　安全性は，自己資本比率は十分とは言えませんが，危険状態とまでは言えません。ただし，借入金依存度が著しく高くて，あまりにも急速な成長のひずみが出ているようです。これ以上の成長は資金調達の面で限界と思われますし，金融機関の融資態度次第ではいつ資金繰りが破綻してもおかしくない状態になっています。
　収益性もまずまずですし，効率性も総資産回転期間が短くて，効率性が高いと言えます。
　問題は急な成長と資金繰りです。あまりにも急な成長には，粉飾の疑いも持たれますし，粉飾ではないにしても，資金取引を絡めた売上げによる急成長の疑いが濃厚であり，いずれにしても，売上債権については，大きなリスクを背負っていることが推察できます。

結局，売上高の急増が，実体があり，継続可能なものかどうかが，江守の将来を決めると思われます。

ii）チェックリストによる調査

① 売上高・利益などが業界での傾向や景気変動などと違った動きをしていないか

→ リーマンショック後の世界経済の激動時代にあって，売上高の異常ともいえる増加と，当期純利益の増加は，江守の売上増の主な原因が，成長を続ける中国向けの輸出が主であったことを考慮に入れても異常であり，概観テストでも触れたとおり，金融支援を餌に売上げを増やした疑いも持たれることから，このポイントは×印です。

② 長期にわたっていつも僅かな利益しか計上していないのに，赤字にならない

→ 相応の純利益を計上していますので，〇印です。

③ 3年以上にわたって前年度比売上高が30％以上も上昇していないか

→ 2011年3月期から14年3月期までの，4年間では12年と13年3月期の中だるみ期間がありますが，4年間で3.3倍も増加していることから，平均すると4年間も30％以上の伸び率で成長したことになります。3年連続の条件を満たしませんが×印にします。

④ 雑収益，その他の営業外収益が多すぎないか

→ ○印です。

⑤ 借入金が多いのに現金・預金が多すぎないか

→ ○印です。

⑥ 売上債権回転期間が高すぎないか，上昇を続けていないか

→ 売上債権回転期間は上昇傾向にあり，2009年3月期と比べますと14年3月期には1.13か月も増えています。ただし，09年3月期の回転期間は前後の年度と比べて以上に低いので，何か特殊な事情があって，この年度だけ特に低くなっていることが考えられます。それにしても，11年3月期と比べても0.61か月増えていますので，正常な上昇ではない可能性もあり，△印にしておきます。

⑦ 棚卸資産回転期間が高すぎないか，上昇を続けていないか

→ ○印です。

⑧ 営業支援金，貸付金などが多すぎないか，増え続けていないか

→ 売上債権の増加は，取引先の資金支援のためのものである疑いがありますが，確証がないので△印にしておきます。

⑨　前払費用，仮払金などその他の流動資産が多すぎないか，増え続けていないか

→　○印です。

⑩　繰延税金資産が多くないか。将来の利益で消化できる金額か

→　○印です。

⑪　有形固定資産回転期間が高すぎないか，上昇を続けていないか，上昇している場合，上昇が売上増につながっているか

→　帳簿価額が減っていますし，回転期間は大幅に低下していますので，○印です。

⑫　ソフトウエア，のれんなどが急増していないか，増加が売上増につながっているか

→　○印です。

⑬　投資有価証券，関係会社株式・貸付金などが多すぎないか，増加し続けていないか

→　投資有価証券が増加していますが，異常というほどの増加ではないので，○印です。

⑭　仕入債務回転期間が長すぎたり短すぎたりしないか

→　○印です。

⑮　借入金依存度が高すぎたり（50％程度以上），低すぎることがないか，上昇または低下を続けていないか

→　×印です。借入金依存度は12年3月期に50％を突破しており，12年3月期には危険水準に達していたと見られます。

⑯　未払金などが大幅に減少していないか

→　○印です。

⑰　借入金利子率が高すぎないか（4％程度以上）

→　○印です。

⑱　長期借入金が減少して短期借入金が増えていないか

→　○印です。

⑲　取引相手先について，取引状況に異常が感じられることがないか

→　情報がないためテスト不能

⑳　同業者などの間に不穏な噂などが広まっていないか

→　情報がないためテスト不能

　以上を総括しますと，×印は①，③，⑮番であり，⑥番と⑧番が△印です。

　リーマンショック後の世界経済低迷の時代においても，増収・増益の好業績を上げ続けているのが異常と認定されました。また成長率が高すぎることから，循環取引などの異常な取引が行われている疑惑があるとして×印がつきました。

　売上債権回転期間の上昇にも疑惑の目が向けられました。

ⅲ）損益計算書詳細調査

　以上，概観テストとチェックリストによる調査で，問題点があぶりだされましたが，損益計算書の詳細調査では，売上高の異常ともいえる増加に対して，販管費の増加が少なすぎること，従業員数が，成長率が特に高まった2011年3月期以降に減少に転じていることなどから売上高が実体を備えたものかに疑問がもたれます。

　2011年3月期以降の急速な売上増は，従来の親会社の事業とは関係なく，主に中国子会社による金属資源・生活関連資材の内需市場の開拓に負うもののようです。江守では，連結ベースの固定資産がもともと少ないのですが，少ない資産もほとんどが親会社のもので，連結子会社のものは僅少です。短期間にこれだけの増収を達成するには，販売網や仕入網の構築が必要で，そのためには多額の投融資や開発費が必要であったことが推察されます。ところが，連結子会社では11年3月期以降も固定

資産などが大きく増えた形跡が伺えず，いかにして，急速な拡販ができたのかに疑問に感じられます。

ⅳ）貸借対照表詳細調査

　売上高の大幅増加が続いているのに，売上債権以外の資産はそれほど増加しておらず，実体を伴った売上げかが疑われます。有形固定資産など，連結と個別の間の差額がほとんどなく，親会社以外では固定資産などほとんど保有していない模様なのは，子会社の実体どころか実在性にも疑問がもたれるほどです。それにも関わらず，売上高のみならず，売上総利益から当期純利益に至る各段階の利益に，連結と個別の間に大きな差があることから連結における利益の内容などに疑問がもたれます。

(4)　個別決算書対連結決算書

ⅰ）連単倍率について

　図表18は2008年3月期から14年3月期までの主要項目についての連単倍率表です。連単倍率とは，連結の数値を個別の数値で割って計算した倍率です。

　　連単倍率＝連結の数値÷個別の数値

第二編　経理の基礎知識がある人の決算書の読み方

図表18　主要項目連単倍率表

	08／3	09／3	10／3	11／3	12／3	13／3	14／3
売上高	1.21	1.32	1.53	1.79	2.04	2.69	4.28
売上総利益	1.33	1.38	1.43	1.55	1.74	2.24	3.37
販売管理費	1.40	1.49	1.45	1.51	1.57	1.74	2.20
営業利益	1.18	1.13	1.41	1.65	2.16	4.34	9.67
当期純利益	1.16	1.06	1.20	1.36	1.76	1.92	1.92
売上債権	1.05	1.20	1.34	1.40	1.68	2.45	4.30
棚卸資産	2.09	2.26	1.81	2.27	3.07	4.37	2.60
流動資産	1.20	1.33	1.49	1.74	2.01	2.83	4.17
有形固定資産	1.09	1.08	1.26	1.27	1.17	1.33	1.12
固定資産	0.91	0.84	0.72	0.59	0.49	0.50	0.34
総資産	1.12	1.15	1.18	1.28	1.40	1.77	1.98
改訂総資産	1.09	1.07	1.04	1.08	1.09	1.13	1.26
仕入債務	1.14	1.37	1.21	1.20	1.19	1.74	2.54
借入金	1.09	1.06	1.14	1.43	1.65	1.94	1.97
改訂借入金	1.01	0.86	0.82	0.98	1.02	0.88	0.95
純資産	1.09	1.04	1.10	1.09	1.11	1.37	1.57

ⅱ）損益計算書項目の連単倍率

　売上高では連結と個別の差が年度ごとに大きくなっており，2008年３月期の1.21倍が14年３月期には4.28倍に広がっています。

　利益では売上総利益は2008年３月期の1.33倍から14年３月期には3.37倍に広がっていますし，営業利益も08年３月期の1.18倍が14年３月期には9.67倍に広がっています。個別では売上総利益率が低下したのにも関わらず販管費が増えていますので，営業利益が大幅に減少したためです。しかし個別では，営業利益の減少を受取配当金の増加でカバーして当期純利益は増加していますので，当期純利益の連単倍率は08年３月期の1.16倍が14年３月期には1.92倍に増えています。

iii）貸借対照表項目の連単倍率

　他方，総資産は，保証を加えた改訂値では，2008年3月期の1.09倍が14年3月期には1.26倍に増えただけで，連結と個別の差は極めて小差にとどまっています。資産のなかでは売上債権が08年3月期の1.05から14年3月期には4.30と売上高と同じ倍率であるのに対して，棚卸資産では08年3月期の2.09倍が14年3月期においても2.60倍にとどまっています。固定資産が08年3月期の0.91倍が14年3月期には0.34倍に低下したことが影響しています。

　借入金では2008年の3月期の1.09倍が14年3月期には1.98倍に上昇しているのですが，個別ベースの改訂借入金との比較では，08年3月期の1.01倍が，14年3月期には0.95倍で1倍以下になっています。関係会社では資金調達のほぼ全額を親会社に依存しているのですが，14年3月期には保証を全額使い切っていないことになります。余裕があって使い切っていないのではなく，借入手続きなどによるタイムラグによることも考えられます。

　以上を総合しますと，08年3月期以降の親会社からの子会社等への投下資金は，大部分が営業活動の結果である売上債権に向けられ，営業活動の原動力になる棚卸資産や有形固定資産などにはほとんど充当されなかったことになります。

iv）連結子会社への投融資の扱いについて

　2014年3月期における有形固定資産の連単倍率が1.12倍と極めて低いのですが，固定資産全体ではさらに低い0.34倍です。これには，連結の仕組みが関係しています。

個別の貸借対照表では，子会社に対する投資や融資金は投資その他の資産に，関係会社株式や関係会社出資金，あるいは関係会社長期貸付金などで計上されていますが，連結では親会社と連結子会社の間で相殺が行われ，連結貸借対照表では連結子会社に対する投資や融資金は消えて，連結子会社の貸借対照表の資産に置き換えられます。

　例えば，親会社の連結子会社に対する投資額が関係会社株式5億円と長期貸付金5億円の合計10億円であり，そのすべてを資本金で調達しているとします。親会社個別貸借対照表では，この金額は固定資産の投資その他の資産に，関係会社株式5億円，関係会社長期貸付金5億円として計上されますが，連結子会社では，この資金を全額売掛金に充当していたとしますと，連結の貸借対照表では，連結子会社での表示のままに，流動資産の部に売掛金10億円と表示されます。その結果，個別における固定資産の部の投資その他の資産のうち10億円は，連結では流動資産の部の売掛金に移されますので，固定資産の金額が少なくなり，流動資産の金額が膨らむことになります。この関係を図示しますと下記のとおりです。

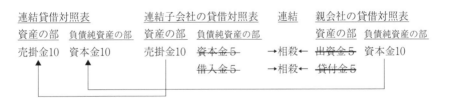

　江守では連結子会社に対する投資，融資額の大部分が，連結では売上債権に振り替わっているために，固定資産の連単倍率が1以下の低い数値になっています。他方，売上債権には，投資・融資額に加え保証による支援額までが加わって，連単倍率は極めて高い倍率になっています。

ⅴ）純資産の連単倍率について

　純資産の連単倍率は2008年３月期の1.09倍が14年３月期には1.57倍に上昇していますが，これにも連結の特殊性が影響しています。
　連結の純資産には個別にはない子会社の少数株主持分と為替換算調整勘定があります。
　少数株主持分は，連結子会社の株主に親会社以外の株主がいる場合，親会社以外の株主を少数株主と呼び，純資産中の少数株主持分を少数株主持分といいます。連結貸借対照表では連結の純資産の部を親会社の持分と少数株主の持分に分けて，親会社の持分を株主資本とし，少数株主持分を株主資本の下に記載する様式になっています。
　為替換算調整勘定は，既述のとおり為替変動により決算ごとに変動します。江守の連結貸借対照表では，円高の2012年３月期には為替換算調整勘定は－1,221百万円ですが，14年３月期には円安の影響で3,487百万円のプラスになっています。14年３月期において為替換算調整勘定がゼロであったとしますと連結純資産は18,724百万円になり，連単倍率は1.300倍になりますし，12年３月期並の－1,221百万円であったとしますと1.215倍になります。

ⅵ）財務比率による分析

　回転期間，自己資本比率，借入金依存度以外の財務比率では，流動比率の上昇が続いていて，2008年３月期の115.0％が14年３月期には147.5％になっています。流動資産の大部分が売上債権であり，売上債権の回収可能性いかんでは，流動比率を低く見直す必要があります。
　固定資産につきましては，個別における投資その他の資産の大部分が，

連結では流動資産の売上債権などになっているため，連結の固定資産は少なくなっていて，固定比率でも100％以下であり，健全と思われます。

vii）総　　括

　2011年3月期以降5年間にわたって，極めて高い売上高の上昇率が続いていますし，毎年度着実にすべての段階での利益を計上しているのは出来過ぎの感じがします。

　江守の売上増は主に中国での急激な拡販に負っています。2009年3月期には196億円だった中国での売上高が，10年3月期には256億円，11年3月期には392億円，12年3月期には610億円，13年3月期には866億円，14年3月期には1,536億円と毎年大幅増収が続いているのは，異常と見るべきです。

　その間に日本国内での売上高は2009年3月期の464億円が14年3月期の495億円に6.7％増加しただけです。その結果，中国での売上高は09年3月期には全社売上高の29.7％であったものが，14年3月期には70％に上昇して，中国依存の体質に変容しています。

　短期間に中国での売上高を飛躍的に伸ばすにはそれだけの中国での販売網とともに仕入れ組織の構築が必要であり，それには従来からある親会社の仕入れ組織の拡充を図るのが最も効率的と思われますが，親会社を通さない仕入れ構造になっているのは不自然です。

(5)　破　　局

　江守では，2015年5月15日に公表した15年3月期有価証券報告書によりますと，貸倒引当金繰入額550億円と減損損失13億円などを特別損失

に計上した結果，連結当期純損益は536億円の損失となり，純資産は343億円の債務超過に陥りました。

　個別決算書では

関係会社出資金評価損	9,688百万円
関係会社株式評価損	16,991
債務保証損失引当金繰入額	22,911
貸倒引当金繰入額	4,431
減損損失	1,165
その他	46
合計	55,232百万円

552億円を特別損失に計上しています。

　連結での貸倒引当金繰入額は，江守の説明によりますと，中国における金属資源に関する商社金融ビジネスの破綻によるものとのことであり，関係会社に対する保証を含む援助資金は，個別決算書による調査で推察したとおり，循環取引を含む中国での金融ビジネスに投入されたものでした。それも江守の本業の化学品に関するものでなく，金属資源の取引に関するものであったとのことです。

　江守では，2015年4月30日に東京地裁に民事再生手続開始の申立てを行い翌5月1日には開始決定がなされたのですが，江守については，たとえ連結決算書の入手ができなくても，個別決算書での投融資や保証に関する情報について，チェックリストでの①番から③番までの常識的な判断により，危険な取引が行われていたことが推測できます。

4 キャッシュ・フロー計算書の見方

(1) キャッシュ・フロー計算書の構造

損益計算書では，売上高から売上原価を控除し，さらに諸経費を差し引いて利益を計算します。

売上高がそのまま現金になるわけではありませんし，売上原価や費用が直ちに現金の支払いを伴うとは限りません。収益のなかには有価証券評価益のような現金収入を伴わないものがありますし，費用にも減価償却費のような現金の支出を伴わないものがあるなどで，利益だけ現金が増えるとは限りません。

一会計期間中の資金の収入と支出（まとめて収支といいます）を表示するものにキャッシュ・フロー計算書（以下，キャッシュ・フローをCFと書き，キャッシュ・フロー計算書をCF計算書と書きます）があります。日本基準によるCF計算書では，資金の範囲を現金（手許現金及び要求払預金）及び現金同等物と定義されています。現金同等物とは容易に換金可能であり，かつ，価値の変動について僅少なリスクしか負わない短期投資のことです。

CF計算書は「営業活動によるCF（以下，営業CFと書きます）」，「投資活動によるCF（以下，投資CFと書きます）」，「財務活動によるCF（以下，財務CFと書きます）」に3区分されています。

CFにつきましては，非資金取引など専門知識を必要とする事項が多いのですが，本書では，理屈にはこだわらず，CF計算書の情報のなかで常識的に理解できる部分に絞って，何らかの情報を引き出す分析法を紹介したいと考えています。そのため，CF計算書を思い切って簡略化

した独自の様式による分析法を紹介します。

　CF計算書には，直接法と間接法によるものの２種類があり，それぞれに様式が決められていますが，現在，わが国で公表されているCF計算書の大部分は間接法によるものですので，本書でも間接法によるCF計算書の分析のみを取り扱います。

　直接法のCF計算書では，収入から支出を差し引いて収支差額を計算するのですが，間接法では，損益計算書の利益に，資金の収入や支出のずれを修正し，非資金取引などによる修正をしてCFに導く構造になっています。ただし，間接法が適用されるのは営業CF区分だけで，投資及び財務CF区分では両様式ともに収入から支出を控除する直接法の様式になっています。

　図表19は，江守の2014年３月期の有価証券報告書記載の連結CF計算書です。前連結会計期間と当連結会計期間の２期分が連記されています。

　営業CF区分は間接式の様式になっています。オリジナルのものは金額が千円単位になっていますが，図表19では百万円にしていますので，四捨五入で末尾の数値に多少の食い違いがあります。

図表19　江守の連結キャッシュ・フロー計算書

	前連結会計年度（自平成24年４月１日至平成25年３月31日）	当連結会計年度（自平成25年４月１日至平成26年３月31日）
営業活動によるキャッシュ・フロー		
税引前当期純利益	3,221	5,391
減価償却費	322	252
貸倒引当金の増減額（△は減少）	△72	152
賞与引当金の増減額（△は減少）	△33	56
退職給付引当金の増減額（△は減少）	3	△29
退職給付に係る負債の増減額（△は減少）		31

受取利息および受取配当金	△108	△136
支払利息	451	854
投資有価証券評価損益（△は益）	4	1
投資有価証券売却損益（△は益）	△1	
関係会社株式売却損益（△は益）		△33
有形固定資産売却損益（△は益）	13	52
保険差益	△235	
売上債権の増減額（△は増加）	△6,244	△15,829
棚卸資産の増減額（△は増加）	△300	1,611
仕入債務の増減額（△は減少）	2,462	1,554
その他	△1,732	2,830
小計	△2,249	△3,243
利息および配当金の受取額	104	132
利息の支払額	△403	△843
保険金の受取額	824	
法人税等の支払額	△947	△1,244
営業活動によるキャッシュ・フロー	△2,671	△5,197
投資活動によるキャッシュ・フロー		
投資有価証券の取得による支出	△84	△41
投資有価証券の売却による収入	2	
有形固定資産及び無形固定資産の取得による支出	△915	△800
有形固定資産及び無形固定資産の売却による収入	1	78
連結の範囲の変更を伴う子会社株式の売却による収入		472
その他	20	△40
投資活動によるキャッシュ・フロー	△975	△331
財務活動によるキャッシュ・フロー		
短期借入金の純増減額（△は減少）	3,188	2,041
長期借入れによる収入	2,307	9,955
長期借入金の返済による支出	△1,607	△1,215
リース債務の返済による支出	△7	△19
株式の発行による収入		1,972
配当金の支払額	△367	△467
少数株主への配当金の支払額	△2	△228
財務活動によるキャッシュ・フロー	3,511	12,038
現金及び現金同等物に係る換算差額	867	1,199
現金及び現金同等物の増減額（△は減少）	732	7,708
現金及び現金同等物の期首残高	6,675	7,407
現金及び現金同等物の期末残高	7,407	15,115

(2) 営業CF区分について

ⅰ）要約CF計算書

　3区分の中で最も重要な区分は営業CF区分です。この区分が事業継続に必要な資金を産み出しているのであり，事業活動によって資金が生み出される過程とその結果を示しています。営業CFがプラス基調でなければ企業経営の継続が困難になり，資金繰りにつまって経営破綻に至ります。プラス基調といいましたのは，営業CFは年度ごとにかなりの振幅で変動しますので，一時的にマイナスになることがあっても，ならすとプラスでなければならないという意味です。

　図表20は図表19の要約表であり，営業CFと投資CF区分のみで，財務CF区分は省略してあります。期間を平成23年3月期（11年3月期）から平成26年3月期（14年3月期）の4年間に拡げてあります。江守ではこの4年間に連結売上高を大幅に増加させていますので，その間のCFの動きを見るためです。

　図表20の特徴は，売上債権の増減額，棚卸資産の増減額，仕入債務の増減額の3項目を独立させて運転資本要素区分とした点です。

　運転資本は，普通は流動資産と流動負債の差額をいいますが，ここでは，範囲を絞り込んで，売買活動に直接関係のある売上債権，棚卸資産，仕入債務の3要素に限定して運転資本要素と呼び，

売上債権＋棚卸資産－仕入債務

を運転資本要素合計と定義しています。この式は，売買活動には棚卸資産と売上債権に資金を投入する必要がありますが，必要資金の一部は仕入債務で賄うことができますので，売上債権と棚卸資産の合計額から仕

入債務を控除した残高が売買活動に必要な運転資本であることを示しています。

前受金や前渡金など売買収支に関係するものは運転資本要素に加えるべきですが，CF計算書ではこれら科目はその他で一括表示されていることが多いし，売買取引以外の前受金などとの区別がつかないことが多いと思われます。したがって，売買取引に関係することがはっきりしていて，金額がそこそこに大きいものを，上記3項目に加えることにすればよいと考えます。

営業CFから運転資本要素を除外した残りを利益要素と呼ぶことにしています。利益要素区分では，利払前当期純利益，減価償却費と法人税等支払額以外は一括して「その他」として合計金額のみを記載しています。

利払前当期純利益，減価償却費と法人税等支払額までは，損益計算書とほぼ同じものですが，最後の「その他」が，費用の未払金や引当金などの増減額のほかに，評価損益などのような，損益には計上されるが資金の収支のない項目を集めたものであり，損益から収支のずれや非資金取引などを除去して，資金収支に転換させるためのものです。

この表の作成には，逆算法によります。まず運転資本要素の合計額を求めます。営業CF合計から運転資本要素合計を控除した残りが利益要素の合計額になります。利益要素合計から税引前当期純利益，減価償却費と法人税等支払額を控除しますと「その他」の金額が計算できます。

正規のCF計算書の投資CF区分では，有形および無形固定資産の取得による支出と，有形および無形固定資産の売却による収入などと，収入と支出をそれぞれに記載していますが，要約表では収入から支出を引いた収支差額を有形および無形固定資産収支として記載しています。

また，正規のCF計算書では，有価証券，投資有価証券，貸付金など

につきましても収入と支出を記載していますが，要約表では投融資資金収支に一括して収支額のみを記載しています。

財務CF区分は，本書での分析には取り上げませんので，図表20では省略しています。

図表20　江守の4期間要約CF計算書連記表　　（単位：百万円）

	11／3	12／3	13／3	14／3	合計
営業CF					
税引前当期純利益	2,369	2,941	3,221	5,391	13,922
減価償却費	362	349	322	252	1,285
法人税等支出	-903	-900	-947	-1,244	-3,994
その他	-1,943	964	-1,186	3,067	902
利益要素合計	-115	3,354	1,410	7,466	12,115
売上債権の増減額	-7,298	-9,022	-6,243	-15,829	-38,392
棚卸資産の増減額	-1,555	-2,179	-300	1,611	-2,423
仕入債務の増減額	2,289	931	2,462	1,554	7,236
運転資本要素合計	-6,564	-10,270	-4,091	-12,664	-33,579
営業CF合計	-6,679	-6,916	-2,671	-5,198	-21,464
投資CF					
有形・無形固定資産収支	-340	-590	-914	-722	-2,566
投融資資金収支	-27	-24	-82	-40	299
その他	-31	-17	20	-31	-59
投資CF合計	-398	-631	-976	-321	-2,326

ⅱ）営業CF区分の2分割について

図表20で運転資本要素を独立させたのは，下記の2つの理由によります。

一つは，運転資本要素は粉飾発見に効果的だからです。

売上債権，棚卸資産の粉飾は残高の水増しとなって表れますし，仕入債務の粉飾は逆に残高の減少となって表れますので，運転資本要素合計の計算式では，3つの要素のどの要素についての粉飾も，運転資本要素

合計のマイナスの増加となって表れます。運転資本要素それぞれに粉飾が施されている場合，運転資本要素合計では，粉飾の合計値だけ収支尻のマイナスが増えて回転期間のマイナスが高まります。

このように運転資本要素の回転期間の変動から，粉飾に利用されやすい３項目の粉飾などによる異常を一括して探知できる可能性があります。

運転資本要素を独立させたもう一つの理由は，運転資本要素の変動は，原則として業績とは関係のない運転資本要素の構造に基づくものであり，営業CFから業績とは無関係の部分を除外した残り（利益要素）により営業CFを評価するためです。

売上高が増えると運転資本要素の３項目は，残高，回転期間ともに増加します。運転資本要素合計では３項目の回転期間の違いにより，増加または減少します。

運転資本要素合計の回転期間は，－（売上債権回転期間＋棚卸資産回転期間－仕入債務回転期間）ですので，売上高が増加している時には，売上債権と棚卸資産の合計回転期間が仕入債務回転期間よりも高いと合計回転期間はマイナスになって営業CFを悪化させますし，仕入債務回転期間の方が高いとプラスになって，営業CFを良化させます。このように，業績とは無関係の３項目の回転期間の違いにより，運転資本要素合計が悪化したり良化するのでは，営業CFは，CFによる業績とはかけ離れたものとなる恐れがあります。そこで，運転資本要素を営業CFから外し，残りを利益要素として，主に利益要素合計で営業活動によるCFを評価できるようにするのが，運転資本要素独立のもう一つの理由です。

ⅲ) 営業CF区分の分析

① 運転資本要素の見方

図表21は江守の連結貸借対照表による運転資本要素の2010年3月期から14年3月期までの残高と回転期間の推移表です。運転資本要素合計の回転期間は上昇傾向が続いています。10年3月期の回転期間1.88か月を正常回転期間としますと、14年3月期には0.97か月も上昇しています。

図表21　貸借対照表残高による運転資本要素の回転期間推移表

	10/3	11/3	12/3	13/3	14/3	増減累計額
売上債権残高（百万円）	18,269	24,834	33,738	43,282	68,370	50,101
回転期間（月）	3.33	3.13	3.47	3.59	3.74	
棚卸資産残高（百万円）	2,786	4,271	6,307	7,030	5,964	3,178
回転期間（月）	0.51	0.54	0.65	0.58	0.33	
仕入債務残高（百万円）	-10,760	-12,753	-13,468	-17,237	-22,276	-11,516
回転期間（月）	-1.96	-1.	-1.38	-1.43	-1.22	
運転資本要素合計(百万円)	10,295	16,352	26,577	33,075	52,058	
前年度比増減額(百万円)		6,057	10,225	6,498	18,983	41,763
回転期間（月）	1.88	2.06	2.74	2.74	2.85	
CF計算書による運転資本要素回転期間		-6,564	-10,270	-4,091	-12,664	-33,579

14年3月期には、運転資本要素全体として売上高0.97か月分の異常が発生している可能性があります。14年3月期の売上高219,187百万円で金額に換算しますと

$$0.97 \times (219{,}187 \div 12) = 17{,}718(百万円)$$

17,718百万円は粉飾などの異常よる増加額である可能性があります。

売上債権だけでは、10年3月期の3.33か月を基準にしますと、14年3月期には0.41か月上昇して3.74か月になっています。0.41か月を14年3月期の連結売上高により金額に換算すると7,489百万円になります。売上債権回転期間が最低であった09年3月期の2.61か月を基準にとります

と14年３月期には1.13か月上昇しており，金額に換算すると20,640百万円になります。

　江守では，2017年３月期において550億円の貸倒引当金の積み増しを行っています。

　16年３月期末における連結売上債権残高は68,370百万円です。この時点における個別の売上債権残高は15,906百万円であり，連結子会社の売上債権残高は単純に連結と個別の差で計算しても52,464百万円です。個別の売上債権残高には連結子会社に対する売上債権も含まれていると推察されますので，実際には連結子会社だけの売上債権残高はもう少し多くなると推察されます。つまり，売上債権については，連結子会社の売上債権のほぼ全額が回収不能になり，回転期間の上昇分のみならず，残高のほとんど全額が不良化していたことになります。

　江守では，連結売上高の異常な増加から循環取引などの架空売上高などによる売上高の水増しが推察されますので，売上債権については回転期間の上昇分だけでなく，残高の増加額全体が粉飾による水増額であることを疑う必要があります。図表21では11年３月期から14年３月期までの４年間の運転資本要素の累積増加額を最右列に記載しています。売上債権では累積増加額は501億円ですので，11年３月期以降の増加分のみならず，10年３月期以前の残高の一部も回収可能になっていることが伺えます。

　江守では，関係会社での売上げのほとんどすべてが粉飾による水増しか，それに近い内容のものであったため，売上債権回転期間の上昇分のみならず，売上債権のほとんど全額が不良債権になりました。運転資本要素の回転期間分析などするまでもなく，売上高の異常な増加状況から，江守の危険な粉飾構造が推察できるのですが，一般的には，運転資本要素による分析は粉飾発見に効果的です。

図表21では，最下行にCF計算書による運転資本要素合計の年度ごとの増減値を最下行に記載してあります。CF計算書では，運転資本要素合計の増加はマイナスに，減少がプラスになりますので，貸借対照表残高による増減値とでは符合が逆になる点にご注意ください。

　貸借対照表残高による増減高と比べますと，11年および12年3月期では両者はほぼ一致しますが，13年および14年3月期には大きな差があり，13年3月期にはCF計算書の増加額が2,407百万円，14年3月期には6,319百万円だけ少なくなっています。

　江守のケースでは，上記の食い違いが正当な理由によるものか，異常によるものかは入手できる資料からでは判断するのが困難です。CF計算書になんらかの操作のあることを疑って，さらに詳細な調査をすることが求められます。それでも，ヒントが得られない場合には，この疑念を翌期以降の決算書分析に引き継いで分析を進めるようにするしかありません。

ⅳ）利益要素の見方

　営業CFから運転資本要素を控除した残りが利益要素であり，売上高増減の影響を受ける運転資本要素の変動を除外した利益のCFの動きを知るのに役立ちます。

　利益要素の合計値はプラス基調でなければならないのですが，江守では2011年3月期を除いてプラスになっています。11年3月期にマイナスになったのは「その他」が1,943百万円のマイナスになっているのが大きく作用しています。この金額は江守のCF計算書の営業CF区分の「その他」の金額－1,723百万円とほぼ一致しています。他の年度でも要約CF計算書の「その他」の金額は，江守原本の「その他」に近い金額に

なっていますので、「その他」以外では毎年度ゼロに近い金額になっていることが推定できます。したがって「その他」の中身が重要になりますが、江守原本では「その他」の説明がありませんので、調査不能です。

このような障害がありますが、利益要素の推移をみることによって、運転資本要素の変動に左右されない、営業によるCFの創出力を知ることができる可能性が高いのです。

(3) 投資CF

次の問題点は、投資CFの区分です。

図表22は、図表20の要約連結CF計算書の投資CF区分と、個別の投資CF区分とを比較したものです。個別のCFは貸借対照表から推定で作成したものです。推定におきまして、個別の減価償却費がわかりませんので、有形・無形固定資産収支額のマイナスが過小になっています。

図表22 投資CF区分の連結と個別との比較表（単位：百万円）

	11／3	12／3	13／3	14／3	合計
（連結）					
投資CF					
有形・無形固定資産収支	−340	−590	−914	−722	−2,566
投融資資金収支	−27	−24	−82	−40	299
その他	−31	−17	20	−31	−59
投資CF計	−398	−631	−976	−32	−2,326
（個別）					
投資CF					
有形・無形固定資産収支	160	−152	−181	−222	−395
投融資資金収支	−3,184	−2,170	−1,687	−2,170	−9,211
保証（貸付金）	−2,839	−4,892	−11,446	−4,699	−23,876
合計	−5,863	−7,214	−13,314	−7,091	−33,482

貸借対照表からCFを推定するには、当期残高と前期残高の差額から

推定するのですが，当期末残高は減価償却により減価していますので，売却や廃棄など無視しますと下の式のとおり減価償却費だけ過少になるのです。減価償却費控除前の数値にして差額を計算する必要があります。

前期末残高＋当期投資額－当期減価償却費＝当期末残高
当期末残高－前期末残高＝当期投資額－当期減価償却費

　有形固定資産の連結と個別の差額は4年間の合計額で2,171百万円ですが，仮に4年間の個別の減価償却費合計額が1,000百万円であったとしますと，差額は1,171百万円です。この差額が連結子会社での4年間の有形固定資産に投入したCFと考えられますが，連結売上高の増加額と比べて，極めて少ない金額です。

　連結と個別の間に大差のあるのは投融資金額で，連結の4年間で299百万円に対して個別では9,211百万円です。これに保証の23,876百万円も加える必要がありますので，個別での投融資額は33,087百万円になり，連結との差額は32,788百万円になります。

　このような巨額の差額が出たのは，親会社の連結子会社に対する投資や融資は連結では資本金や借入金などになっているのですが，連結に際して親子間で相殺されるからです。しかも連結子会社では，親会社からの投融資資金の大部分を投資や融資以外の目的に投下しているからです。他の科目の増加具合などから見て，連結子会社では投入された資金の大部分を売上債権に投下していることが読みとれます。

　結局，親会社では2011年から14年3月期までの4年間に，投資及び融資金で約92億円，保証による実質貸付金で約239億円，計約331億円の資金を連結子会社に投入したのですが，連結子会社ではその大部分を売上債権に投入して売上高を増加させたことになります。

　親会社個別の売上高や営業利益は減少傾向にあることから，親子間で

は事業における結びつきが少なく，親会社は，グループとして事業を拡大するために連結子会社に投融資を行っているのではなく，単なる財テクの対象として子会社に投融資していることが推察されます。

　以上から，CF計算書からも，2011年3月期以降の江守の極めてリスキーな資金構造を読み取ることができます。

(4) まとめ

　以上，本書によるCF計算書の分析法を要約しますと次のとおりです。
① 要約CF計算書を作ります。
② 営業CF区分の運転資本要素の変動状況から，売上債権など運転資本要素の異常を調べます。「その他」の金額が特に多い場合にはその内容を調べます。
③ 利益要素がプラス基調にあるかどうかを確認します。
④ 投資CFを有形・無形固定資産，投融資，その他に区分し，それぞれについて，貸借対照表での増減値と対比するなどして，その投下先や目的などを調べ，投資の健全性をチェックします。

　CFは年度ごとにかなりの振幅で変動します。特に，営業CFは前期に良化すると今期は悪化する。今期に悪化すると来期は良化することが多く，CF計算書を予測に利用するには注意が必要です。これは主に運転資本要素の変動によるものであり，例えば，今期の売上が好調で在庫の補填が間に合わず，棚卸資産が減少したとしますと，運転資本要素のプラスが増えますが，翌期には在庫補充のために仕入が増えて，運転資本要素のマイナスが増えます。今期の末日が休日で，金融機関が休みになり，入金が翌期に繰り越されます。そのため今期の運転資本要素が悪化しますが，来期の入金が増えますので運転資本要素が良化するなどです。

＜著者紹介＞

井端　和男（いばた　かずお）

略歴：
　1957年　　　一橋大学経済学部卒業
　　同年4月　日綿実業（現双日）入社，条鋼鋼管部長，国内審査部長，子会社高愛株式会社常務取締役などを歴任。
　1991年7月　公認会計士事務所を開設。現在に至る。

資格：
　公認会計士

主な著書：

倒産予知のための財務分析	商事法務研究会	1985年3月
与信限度の設定と信用調書の見方	商事法務研究会	1998年11月
リストラ時代の管理会計	商事法務研究会	2001年9月
いまさら人に聞けない「与信管理」の実務　改訂新版	セルバ出版	2014年3月
粉飾決算を見抜くコツ　改訂新版	セルバ出版	2009年11月
いまさら人に聞けない「四半期決算書」の読み解き方	セルバ出版	2006年9月
黒字倒産と循環取引－および粉飾企業の追跡調査－	税務経理協会	2009年1月
最近の逆粉飾－その実態と含み益経営－	税務経理協会	2009年9月
リスク重視の企業評価法　－突然襲ってくる存亡の危機にどこまで耐えられるか－	税務経理協会	2010年9月
最新　粉飾発見法－財務分析のポイントと分析事例－	税務経理協会	2012年4月
最近の粉飾－その実態と発見法－	税務経理協会	2016年9月

著者との契約により検印省略

平成29年4月15日 初版第1刷発行

粉飾発見に役立つ
やさしい決算書の読み方
－会計知識のない人の入門書－

著　者	井　端　和　男
発行者	大　坪　嘉　春
印刷所	税経印刷株式会社
製本所	牧製本印刷株式会社

発行所　〒161-0033 東京都新宿区下落合2丁目5番13号　株式会社 税務経理協会

振　替　00190-2-187408　電話（03）3953-3301（編集部）
　　　　　　　　　　　　　　　（03）3953-3325（営業部）
ＦＡＸ（03）3565-3391
URL http://www.zeikei.co.jp/
乱丁・落丁の場合は、お取替えいたします。

© 井端和男 2017　　　　　　　　　　　　　　　　　　Printed in Japan

本書の無断複写は著作権法上での例外を除き禁じられています。複写される場合は、そのつど事前に、（社）出版者著作権管理機構（電話 03-3513-6969，FAX 03-3513-6979，e-mail : info@jcopy.or.jp）の許諾を得てください。

JCOPY ＜（社）出版者著作権管理機構 委託出版物＞

ISBN978-4-419-06439-6　C3063